부동산 매도 불변의 법칙

부동산 매도 불변의 법칙

이상준 · 지훈 · 이윤구 지음

일에일북스

'사는 법'만큼
'파는 법'도 중요하다

SOLD

부동산 매도의 중요성을
다시 생각하다

부동산은 언젠가는 팔 수밖에 없는 재화입니다. 그렇기 때문에 살 때부터 되팔 때를 염두에 둔 전략이 필요합니다.

우리가 살아가는 데 있어 가장 기본적인 3가지 요소를 흔히 '의식주(衣食住)'라고 부릅니다. 그중에서도 '주(住)'는 단순히 거주 공간이라는 의미를 넘어, 우리 삶에서 가장 큰 비용이 들고, 가장 긴 시간 영향을 미치며, 가장 복잡한 결정을 요구합니다. 한자로 '주(住)'는 집이라는 의미와 더불어 삶의 기반이 되는 장소를 뜻합니다. 주거 공간은 생활의 터전일 뿐 아니라, 동시에 재산이자 투자 자산으로 기능하고 있습니다.

우리는 부동산을 살 때 많은 노력을 기울입니다. 지인의 조언을 듣고, 직접 발로 뛰면서 중개업소를 방문하고, 인터넷 커뮤니티와 프롭테크 앱을 검색하며 수많은 선택지를 비교합니다. 그러나 그 과정에서 얻는 정보는 부분적이고, 주관적이며, 때로는 검증되지 않은 경우가 많습니다. 그리고 무엇보다 중요한 사실은, 부동산을 '어디에' 사야 할지, '어떻게' 사야 할지를 설명하는 책과 정보는 많지만, '언제' 팔아야 하는지, '어떻게' 매도해야 하는지를 제대로 알려주는 정보는 거의 없다는 점입니다.

대부분의 사람들이 부동산을 팔아야 할 상황에 처음 맞닥뜨렸을 때, 준비되지 않은 채로 거래를 시작합니다. 수억, 수천만 원의 손실을 감수하거나 필요 이상의 세금을 내고, 중요한 기회를 놓치는 경우도 많습니다.

매도는 단순히 집을 파는 일이 아니라, 한 사람의 재산과 인생 계획이 담긴 결정을 정리하고 실현하는 과정입니다. 그래서 부동산을 어떻게 파느냐는 단순한 기술의 문제가 아니라, 시간과 자금, 전략은 물론 감정까지 함께 고려해야 하는 복합적인 판단의 영역입니다.

"이 책은 '사는 법'이 아닌 '파는 법'에 집중합니다."

부동산을 매도하기 전의 사전 검토부터 가격 설정, 중개업소 활용, 매수자와의 협상, 계약서 작성, 세금 정산, 셀프 세금 신고에 이르기까지, 매도자가 반드시 알아야 할 A부터 Z까지의 전 과정을 실무 중심으로 담았습니다.

그동안 많은 지인이 경험 부족으로 인해 매도 과정에서 실수하고, 기회비용을 잃고, 불필요한 세금이나 갈등을 겪는 사례들을 보아왔습니다. 그리고 직접 경험을 해봤습니다. 이 책이 그런 시행착오를 줄이고, 조금 더 주도적이고 전략적인 매도를 실현할 수 있도록 도와주는 안내서가 되기를 바랍니다. 집을 잘 파는 것도 능력입니다. 그리고 매도는 누군가가 대신해줄 수 없는, 내가 반드시 알아야 할 기술입니다.

매도에는 반드시 이유가 있어야 하고, 커다란 대가가 따른다

누구나 일생을 살면서 부동산을 사거나 파는 일은 최소한 몇 번은 생길 수밖에 없습니다. 매수에 있어서의 이유가 다양하듯이 부동산 매도를 고려할 때도 여러 가지 이유가 있을 수 있습니다. 그리고 이렇게 매도 이유를 명확히 정의하는 것은 중요한 출발점입니다. 매도 이유에 따라 전략과 방안, 계획이 달라질 수 있기 때문입니다.

부동산을 살 때부터 팔 때를 고려해야 하는 이유는 부동산 재화의 특성상 교환 비용이 높을 수밖에 없고, 특히 차익이 있다면 양도세와 같은 세금 부분이 크게 작용할 수 있기 때문입니다. 따라서 살 때부터 부동산 세금을 줄일 수 있는 절세 방안까지 검토가 필요합니다. 더욱이 집은 의식주에 필수적으로 목적을 분명하게 하고 계획을 잘 세우지 않는다면 비용은 비용대로 세금은 세금대로 나가게 되는 악순환에 빠지게 됩니다.

더욱이 매도의 주체인 본인이 모든 사항을 제대로 인지하거나 결정을 못하게 되면 중개사를 비롯한 거래와 관련된 이해 당사자들에게 끌려다닐 수밖에 없습니다. 인생에 있어서 가장 큰 의사결정일 수도 있는 부동산을 매수하고 매도하는 데 있어서의 주체는 본인이라는 점을 꼭 기억하시길 바랍니다.

SOLD

매도 이유는 곧
매도 전략의 출발점

예를 들어 자금이 급히 필요한 경우(의료비, 사업 자금, 대출 상환 등)는 보통 시급한 급매에 해당하며, 계약 조건이나 매도 가격에 일부 양보가 따를 수 있습니다. 반면 투자 수익 실현이나 자산 포트폴리오 조정이 필요한 경우는 시간적으로 여유가 있으므로 보다 유리한 조건에서 협상이 가능합니다. 또한 직장 이동, 자녀 교육, 건강 문제 등 생활 변화에 따른 매도는 시점과 조건이 비교적 명확한 편으로, 선제적인 계획 수립과 협상이 중요합니다. 유지 비용(보유세 등) 부담, 상속 분쟁, 이혼 등의 사유도 현실에서 빈번히 매도를 유발합니다. 특히 보유세는 매년 6월 1일 기준으로 과세되므로, 매도 시점을 잘 조율해 세금을 최소화하는 전략이 필요합니다.

이처럼 매도 이유는 단순하지 않으며, 이유에 따라 가격, 시기, 조건 등 모든 전략이 달라집니다. 물론 이 외에도 개인의 은퇴 계획, 해외 이주, 건강 문제, 또는 단순히 거주 환경을 바꾸고자 하는 등의 다양한 이유로 매도를 결정하기도 합니다. 이처럼 부동산 매도의 이유는 각자의 상황과 목표에 따라 매우 다양하며, 이를 명확히 하는 것이 매도 전략의 첫걸음입니다.

SOLD

시간과 비용이라는
현실적인 부담이 따르는 매도

그리고 앞에서도 이야기 한 바와 같이 매도에 있어서는 거래 비용과 시간이 다른 재화에 있어서 크게 발생할 수밖에 없습니다.

우선적으로는 비용입니다. 매도에 따른 중개수수료와 양도세 신고 등에 필요한 세무 신고 비용, 그리고 기존 주택의 근저당 설정 해지에 따른 법무사 비용과 대출에 대한 중도상환 수수료 등이 대표적인 내용입니다. 그리고 기존 주택을 처분하고 신규 주택을 취득하는 경우 위의 비용에 더해서 취득세와 부동산 수수료, 소유권 이전 등기에 필요한 설정 비용 등이 추가됩니다.

다음은 시간입니다. 매도에 있어서 가장 먼저 소유권 등 권리관계를 파악하고, 주변 실거래가와 매물 호가 등을 인지한 뒤 적정 가격을 설정하고, 복수의 중개사와 연락해서 매물도 내놓아야 하고, 중개사들과 연락을 주고받으면서 매수 대기자와 시간 약속을 정해 집도 보여줘야 하며, 매수자 및 중개사와의 네고도 진행을 해야 합니다. 그리고 계약, 잔금 시에는 정해진 시간에 부동산에 방문해서 계약도 진행해야 한다는 점에서 시간적인 요소도 크게 고려해야 할 사항일 수밖에 없습니다.

이와 같이 부동산을 매도하는 데 있어서는 먼저 검토해야 할 사항들이 많습니다. 더욱이 지금까지 기술한 내용은 일반적인 사례들을 기준으로 했으므로. 각자의 다양한 사례에 맞춰서 더욱 많은 검토 사항이 있을 수밖에 없습니다. 어찌 보면 부동산 매수와 매도는 우리 인생에 있어 가장 큰 의사결정일 수도 있습니다. 따라서 회사나 개인 업무보다도 이 시기에는 매도에 집중을 해야 하며, 누군가가 대신 해줄 수 있는 내용은 아니라는 점을 다시 한번 강조하겠습니다.

이 책을 통해서
얻을 수 있는 것들

　이러한 매도 과정을 독자가 주도적으로 대비할 수 있도록, 이 책은 1부부터 5부까지 단계별로 나누어, 매도 전략 수립에서 실전 사례 분석까지 체계적이고도 현실적인 조언을 담고 있습니다. 매도 전 사전 준비부터 적정 가격 책정, 부동산 중개업소 활용과 매수자와의 협상, 계약서 작성과 세금 정산, 그리고 마지막으로 양도세 셀프 신고까지 매도자가 알아야 할 모든 절차와 지식을 빠짐없이 다루고 있습니다. 각 단계에서 무엇을 해야 하고 무엇을 조심해야 하는지 실무 중심의 설명으로 제공되며, 어려운 개념도 실제 사례에 빗대어 쉽게 이해할 수 있도록 구성되었습니다.

　특히 부동산 매매에 수반되는 세금 문제와 협상 전략에 대한 깊이 있는 가이드가 이 책의 강점입니다. 예를 들어 고가 주택이나 다주택자의 양도소득세 부담을 줄이기 위한 대표적인 절세 전략으로서 부부 공동명의 활용법 등을 상세히 제시하고 있으며, 중개업소 선택부터 중개사와의 실전 협상 기술까지 단계별 노하우를 구체적으로 알려줍니다. 법령에 따른 중개수수료의 한도와 유의점, 매수자와 거래할 때 발생할 수 있는 분쟁 예방책 등 전문가만이 알고 있는 팁과 최신 정보도 꼼꼼하게 짚어주어 매도 초보자가 놓치기 쉬운 함정을 피하도록 도와줍니다. 나아가 잔금 후 필요한 세무 신고 절차를 셀프로 진행하는 방법까지 친절하게 안내해, 별도의 세무 대리인 도움 없이도 독자가 직접 마지막 단계까지 완수할 수 있게 합니다. 각 장마다 저자의 풍부한 경험을 바탕으로 한 현실 사례와 해결 방법이 담겨 있어, 책에서 소개하는 전략들이 실제로 어떻게 적용되는지 생생하게 확인할 수 있습니다.

마지막으로, 이러한 핵심 노하우와 실전 정보를 한 권에 정리함으로써 독자는 더 이상 여러 경로의 단편적 조언에 의존할 필요 없이 체계적이고 신뢰할 수 있는 길잡이를 얻을 수 있습니다. 부동산 매도의 시작부터 끝까지 이 책 한 권으로 충분하도록 모든 내용을 담았기에, 이 책과 함께라면 '한 권이면 충분하다'는 확신을 가지고 매도 여정에 임하실 수 있을 것입니다.

부디 이 책을 통해 얻는 전문성에 대한 신뢰를 바탕으로, 인생 최대의 거래 가운데 하나인 부동산 매도를 주도적이고 성공적으로 실현하시길 바랍니다.

목차

1부
부동산 매도의 출발점

1장
매도 전 알아두어야 할 것들

2부
성패를 가르는 매도 전략

2장
성공적인 중개업소 선택과 활용법

3장

매도 성패를 가르는 매물 홍보 전략

3부
협상과 계약, 실제 매도의 과정

4장

매수자를 사로잡는 소통과 협상의 기술

5부
현장에서 배우는 매도법

1부

부동산 매도의 출발점

1장

·

매도 전 알아두어야 할 것들

매도 가격 결정을 위한 **시장 조사**

매도하기 전에 가장 먼저 고려해야 할 사항은 대체 얼마의 비용으로 내가 가진 물건의 가격을 설정해야 할지 결정하는 것입니다. 내가 가진 물건을 얼마에 팔겠다는 의사 결정은 중개사, 매수자도 정할 수 없습니다. 부동산 특성상 정해진 가격이 없고 매도와 매수가 동의하는 시장 가격으로 결정되는 구조이기 때문입니다.

따라서 매도 입장에서는 본인이 직접 시간과 노력, 발품을 팔면서 시장에서 반응할 수 있는 가격을 설정해야 합니다. 누구도 대신 해줄 수 없다는 사실을 기억하고 중개사에게 넘어가지 않았으면 합니다. 매도자 입장에서는 내 이야기를 잘 들어주기보다 내 물건을 가장 높은 가격에 팔아주는 중개사가 좋은 중개사입니다.

가격 설정을 위해서는 우선 비교 매물 분석을 해야 합니다. 같은 지역, 동일한 조건의 매물과 비교를 해보면서 적정 가격을 설정해야 하며, 이를 위해 먼저 네이버 부동산 또는 국토교통부 실거래가 공개시스템에서 제공 중인 실거래가 신고 내용을 통해 앞으로 팔릴 수 있는 가격(호가)과 최근 3개월 내 거래된 과거에 팔린 가격(실거래가)과의 차이를 확인합니다.

또한 네이버 부동산 외에도 직방, 아실과 같은 부동산 중개 플랫폼 등에서도 많은 정보를 제공하고 있어 유용하게 이용할 수 있습니다. 하지만 같은 단지, 같은 평형, 같은 타입, 심지어 같은 층수라고 해도 모든 매물이 같지 않습니다. 매도와 매수가 만나 가격이 형성되므로 심지어 몇천 이상 가격 차이가 나기도 합니다.

최소한의 정보를 확인했으면 마음속으로 가격을 설정하고 매도하려는 단지의 중개업소에 시세 및 수요 등을 확인합니다. 때로는 매물 중에 가격이 낮거나 높게 나온 물건이 있습니다. 이는 전세나 월세 등 임대차기간이 아직 많이 남아있는 물건인지, 또는 급매로 언제까지 잔금을 치러야 하는지, 또는 리모델링을 최근에 해서 정말 컨디션이 다른 동호수에 비해서 높은지 등에 따라 다릅니다. 이러한 물건을 고려해서 내가 설정한 매도 금액을 보다 정교화합니다.

SOLD 케이스 스터디 **정책 변화**

파라곤센트럴파크 사례 분석

검단 신도시 파라곤센트럴파크(전용 84.98m² 기준)는 인천 서구 당하동에 위치한 2022년 준공, 총 1,122세대 규모의 신축 아파트 단지입니다. 최근 실거래가는 6억 6천만 원(2025년 7월 5일, 6층)이며, KB 시세 일반가는 약 6억 8천만 원, 상위 평균가는 7억 1천만 원 수준입니다. 이 단지의 매물을 분석할 때는 다음 단계를 거쳐야 합니다.

① 비교 매물 분석

네이버 부동산이나 국토교통부 실거래가 공개 시스템을 활용해, 지난 3개월 내 동일 평형(84m²) 거래 사례(6억 2천만~6억 8,300만 원)와 호가 수준(6억 8천만 원 전후)을 확인합니다. 단, 실거래는 계약일로부터 1개월 이내에 중개사가 신고하게 되어 있고, 임박해서 신고하는 경우도 많아 최근 1개월 이내 직전 거래 사례 확인은 어렵습니다.

② 매물 상태 및 특이 조건 확인

매물 가격이 낮거나 높게 형성된 경우, 이는 대부분 임대차 계약 잔여 기간, 급매, 리모델링 여부, 층수/향/동호수 특성 등의 요인이 반영된 결과입니다. 특히 최근 3개월 내 6억 2천만 원 거래는 1층 매물이어서 다른 층에 비해서 저렴하게 거래되었다는 것을 알 수 있습니다.

이와 같이 동이나 층, 향에 따라서 또는 최근 전세 계약이 많이 남아있거나 잔금을 빠르게 처리해야 하는 급매라면 낮은 가격대에 매물로 나올 수 있습니다. 반대로 우리가 흔히 이야기하는 RR(로열동+로열층)이거나 최근 리모델링을 완료한 동호수는 일반 매물보다 비교적 높은 가격에도 거래될 수 있다는 사실을 명심하세요.

③ 매도 가격의 정교한 설정

위와 같은 분석을 기반으로 본인의 매도 목표 가격을 산정합니다. 물론 목표 매도 가격 산정은 조금 더 마진을 두는 것이 좋습니다. 나중에 매수자에게 네고(가격 협상)가 들어올 경우를 대비하는 측면도 있고, 나중에 500만~1천만 원 단위로 가격을 올리기도 쉽지가 않기 때문입니다. 중개사 입장에서도 매도자가 매도 가격을 슬금슬금 올리는 것은 신뢰가 가지 않는다는 인상을 줄 수도 있습니다(신뢰가 가지 않는다면 비슷한 매물이 많을 경우 브리핑을 하는 우선순위에서 밀려날 가능성도 있습니다). 그리고 만약 내가 물건을 내놓았는데 바로 매수자가 나타나는 것도 매도 입장에서는 크게 원하지 않는 시나리오일 것입니다. 매도 가격이 잘못 세팅되었을 가능성이 높기 때문입니다.

이후 본인의 매도 목표 가격을 기반으로 중개사에게 연락해 시세와 수요를 확인하며, 내 세입자의 계약 조건, 리모델링 여부, 향 수요 등을 반영해 가격을 미세 조정합니다.

이처럼 파라곤센트럴파크 사례를 적용해 동일 단지, 동일 평형의 세부 매물 조건을 분석하면 시장 반응을 보다 정확히 예측할 수 있습니다. 이를 통해 호실별 조건을 고려한 시장성과 경쟁력을 갖춘 매도 방안을 수립할 수 있습니다.

매도자는 이런 과정에서 단순히 중개사의 안내를 따르는 것이 아니라, 스스로 시장 정보와 매물 조건을 정밀히 분석하고 전략적으로 판단하는 주체가 되어야 합니다.

매도 과정을 안전하게
지키는 법률 지식

　　지금까지 성공적인 매도의 첫걸음으로 '내 집의 적정 가격'을 파악하는 시장 조사의 중요성에 대해 알아보았습니다. 아무리 좋은 가격을 정했다 하더라도, 그 가격을 온전히 지켜내며 거래를 무사히 마치지 못한다면 아무 소용이 없을 겁니다. 내 집의 가치를 지켜내고, 매도 과정이라는 긴 여정을 안전하게 마치는 데 필요한 법률 지식의 중요성에 대해 알려드리겠습니다.

부동산의 권리관계 =
내 집의 '신분증명서'

'부동산의 권리관계'라는 말을 들으면 많은 사람이 '어렵다', '복잡하다', '법률 용어 같다'라며 지레 겁을 먹기도 하고, '내 집인데 무슨 권리 문제가 있겠어?'라며 대수롭지 않게 생각하기도 합니다. 근저당권, 가압류, 가처분, 지상권 등등 듣기만 해도 머리가 아파오는 단어들 때문에 괜히 어렵게 느껴지거나, 나와는 관련 없다고 여기고 싶은 마음은 당연합니다. 하지만 권리관계는 그렇게 어렵거나 멀리 있는 개념이 아닙니다.

부동산의 권리관계 확인은 등기부등본을 기준으로 이루어집니다. 이 등기부등본은 사람에게 주민등록등본이 있듯, 부동산에 부여된 공식적인 신분증명서라고 생각해도 무방합니다.

등기부등본에는 '이 집의 주인은 누구인지(소유권)', '이 집을 담보로 은행에서 돈을 빌렸는지(근저당권)', '혹시 누군가 이 집을 팔지 못하도록 법적인 조치를 해두었는지(가처분)', '세금 문제 등으로 나라에서 압류를 걸어두었는지(압류)' 등 대상 부동산의 모든 법적인 이력이 투명하게 기록되어 있습니다. 즉, 내 집의 과거와 현재를 담고 있는 일종의 '족보'이자 '건강기록부'인 셈입니다.

놀랍게도 생각보다 많은 사람이 자신이 소유하고 있는 집의 권리관계에 대해 잘 모릅니다. 내 집의 소유자가 나 자신임은 분명하지만, 정작 그 집의 권리관계가 어떻게 얽혀 있는지, 내 집의 등기부등본에

부동산 매도 불변의 법칙

어떤 내용이 적혀 있는지를 정확히 아는 경우가 드뭅니다. 그저 '담보로 대출 얼마 받았고 등기부에 잡혀 있다' 정도로 알고 있을 뿐, 그 대출로 인한 근저당권이 법적으로 어떤 의미가 있는지, 어떻게 기록되어 있는지까지는 관심을 두지 않는 것이 보통입니다.

SOLD
"내 집인데
왜 내 마음대로 못 팔죠?"

그렇다면 이 권리관계를 왜 집을 팔기 전에는 반드시 확인해야 할까요? 매도 과정은 단순히 집이라는 '물건'을 넘기는 것이 아니라, 그 집에 대한 '깨끗하고 완전한 권리'를 매수인에게 이전하는 법률행위이기 때문입니다. 만약 이 권리관계를 미리 확인하지 않고 섣불리 매도를 진행하다가는, 예상치 못한 암초에 부딪혀 거래 전체가 좌초될 수 있습니다.

얼마 전 상담했던 한 매도인의 사례를 들어보겠습니다. 의뢰인은 자녀의 유학 자금을 마련하기 위해 오랫동안 보유했던 아파트를 매물로 내놓았습니다. 다행히 좋은 조건의 매수인이 나타나 가계약금까지 받고, 이제 본계약 날짜만 기다리고 있었습니다. 모든 것이 순조롭다고 생각했던 본계약 당일 아침, 중개사무소로 향하던 의뢰인은 공인중개사로부터 다급한 전화를 받습니다. "사장님, 큰일 났습니다. 어제 날짜로 아파트에 가압류가 들어왔네요."

등기부등본에 갑자기 등장한 '가압류'는 몇 년 전 투자했던 지방

오피스텔 분양권 때문에 생긴 문제였습니다. 부동산 경기가 나빠지면서 잔금을 치르지 못하게 되자, 분양했던 시행사 측에서 분양대금 청구 소송을 준비하며 의뢰인의 아파트를 가압류한 것이었습니다. 의뢰인은 가계약과 본계약의 짧은 기간 사이에 이런 일이 생길 것이라고는 상상조차 못 했다며 망연자실했습니다. 매수인은 당연히 계약 진행을 거부했고, 결국 거래는 파기되었습니다.

의뢰인은 유학 자금 마련 계획에 큰 차질이 생긴 것은 물론, 단순히 받은 가계약금을 돌려주는 문제를 넘어, 매수인 측으로부터 "매도인의 책임으로 계약이 파기되었으니, 약속된 계약금 전체의 두 배를 배상하라"라는 요구를 받으며 복잡한 법적 분쟁에 휘말릴 위기에 처했습니다.

만약 의뢰인이 자신의 채무 문제로 인한 가압류 위험을 미리 알고, 가계약 후 본계약까지의 기간을 최대한 단축하거나 매수인의 지위를 보호하기 위한 매매예약의 가등기를 설정해주는 등 보다 방어적인 자세로 거래를 준비했더라면, 이처럼 안타까운 결과는 피할 수 있었을지도 모릅니다.

이처럼 가압류, 가처분, 혹은 매매예약 가등기와 같은 숨겨진 위험은 매도인 자신도 모르는 사이에 내 집에 자리하고 있을 수 있습니다. 이는 매도인의 의사와 상관없이 거래의 발목을 잡는 치명적인 장애물이 되며, 매수인에게 계약을 해제할 이유를 제공하고 최악의 경우 매도인은 손해배상책임까지 부담할 수 있습니다.

따라서 성공적인 매도의 첫걸음이 '내 집의 가격을 아는 것'이라면, 두 번째 걸음은 '내 집의 법적인 건강 상태를 정확히 진단하는 것'

입니다. 이 진단 과정이 바로 권리관계를 확인하는 일이며, 그 첫 단추는 부동산의 신분증명서인 '부동산 등기부'를 확인하는 것에서부터 시작됩니다.

SOLD

법률 지식,
매도인의 가장 강력한 무기이자 방패

성공적인 매도를 위해서는 단순히 등기부등본을 깨끗하게 유지하는 것을 넘어, 매도 과정 전체를 아우르는 최소한의 법률 지식으로 무장해야 합니다.

부동산 매도는 단순히 물건을 팔고 돈을 받는 행위가 아닙니다. 공인중개사와 중개 계약을 맺는 순간부터, 매수인과 밀고 당기는 협상을 거쳐 계약서에 도장을 찍는 순간, 혹시 모를 계약 파기 상황에 대처하는 과정, 그리고 잔금을 치르고 집을 넘겨준 이후에 발생하는 하자 문제에 이르기까지, 이 모든 과정 하나하나가 법률적인 의미를 갖는 행위의 연속이기 때문입니다.

법률 지식을 갖추지 못한 상태에서 거래를 진행하는 것은 마치 규칙을 모른 채로 수억 원이 걸린 게임에 참여하는 것과 같습니다. '계약금', '위약금', '해약금', '하자담보책임' 이런 단어들은 그저 어려운 법률 용어가 아니라 게임의 규칙 그 자체입니다. 규칙을 아는 사람은 이러한 도구들을 활용해 자신을 보호하고 유리한 고지를 점하지만, 모르는 사람은 상대방의 공격에 속수무책으로 당할 수밖에 없습니다.

많은 매도인이 "복잡한 건 전문가인 공인중개사가 알아서 해주겠지"라고 막연히 생각합니다. 물론 훌륭한 중개사는 훌륭한 조력자가 되어주지만, 그들의 역할은 어디까지나 '중개'에 한정됩니다. 계약의 최종적인 권리와 책임은 오롯이 계약 당사자인 매도인 자신의 몫입니다.

중개사와의 관계에서 발생할 수 있는 분쟁을 예방하고, 수억 원에 달하는 매매계약의 계약서 조항 하나하나가 어떤 의미를 갖는지 이해하며, 예기치 못한 계약 파기 상황에서 나의 권리를 지키고, 집을 판 이후에도 몇 년간 발목을 잡을 수 있는 하자담보책임의 늪에서 벗어나는 것은 결국 매도인 자신의 지식과 판단에 달려 있습니다.

앞으로 이어질 장들을 통해, 매도 과정에서 마주하게 될 수 있는 수많은 법적 이슈들을 하나씩 짚어보며, 매도인이 자신의 소중한 자산을 안전하게 지키고 성공적으로 거래를 마칠 수 있도록 필요한 법률 지식과 전략을 전하겠습니다.

매도 시 알아야 할
세금 지식

양도소득세는 토지, 건물, 분양권 등의 자산을 유상으로 양도하면서 보유기간 동안 발생한 자산의 자본이득(Capital Gain)에 대해서 과세하는 세금입니다. 즉, 자산을 매입한 가격보다 높은 가격에 팔아서 발생한 이득에 대해서 과세하는 세금입니다.

예를 들어 5년 전에 10억 원에 구입한 아파트를 20억 원에 양도했다면, 10억 원의 자본이득(양도차익)이 발생한 것입니다. 여기에서 양도에 필요한 경비(중개수수료 등)와 여러 해에 걸쳐 이루어진 시세 상승의 결과가 양도 시점에 한꺼번에 실현됨으로써 발생하는 결집 효과를 방지하기 위해서 자산가치 증가분의 일정 부분 공제해주는 장기보유특별공제를 차감해 소득금액을 산정하게 됩니다.

양도소득세의 과세대상은 세법에서 열거된 자산의 양도에 대해서만 과세되기 때문에, 예를 들어 중고자동차를 당근마켓에서 양도해서 이익이 발생했더라도 이에 대해 양도소득세가 과세되지는 않습니다.

그러나 양도소득세 과세대상이 되는 토지, 건물, 분양권, 입주권, 비상장주식 또는 해외주식 등을 양도하면서 자본이익이 발생하는 경우에는 양도소득세를 신고 납부해야 합니다. 세법에서 양도소득세 과세대상으로 열거된 자산은 다음과 같습니다.

양도소득세 과세대상

- 토지 건물
- 부동산에 관한 권리(분양권, 입주권, 부동산임차권 등)
- 상장주식 대주주 양도분/비상장주식
- 파생상품
- 부동산 과다법인 보유주식, 회원권
- 신탁수익권

양도소득세는 기본적으로 양도가액에서 자산을 취득하는 데 소요된 비용들을 차감한 양도소득에 대해서 과세되는 세금이므로, 다음과 같은 계산구조를 갖습니다.

부동산 매도 불변의 법칙

구분	내용
양도가액	
(-) 취득가액 등 필요경비	취득가액, 자본적 지출, 양도비용
= 양도차익	
(-) 장기보유특별공제	보유기간 3년 이상인 토지, 건물 등 - 일반적인 경우 최대 30% - 1세대 1주택은 최대 80%
= 양도소득금액	
(-) 양도소득기본공제	연간 250만 원
= 양도소득과세표준	
(×) 세율	- 기본세율(6~45%) - 단기세율(40~70%)
산출세액	

　　장기보유특별공제는 최소 3년 이상 보유한 토지 또는 건물의 양도차익에 일정한 공제율을 곱해 산정됩니다. 일반적인 토지나 건물의 경우에는 최대 양도차익의 30%까지 장기보유특별공제를 받을 수 있고, 1세대 1주택의 경우에는 양도차익의 최대 80%까지 장기보유특별공제를 받을 수 있습니다.

보유기간	공제율
3년 이상	6%
4년 이상	8%
5년 이상	10%
6년 이상	12%
7년 이상	14%
8년 이상	16%
9년 이상	18%
10년 이상	20%
11년 이상	22%
12년 이상	24%
13년 이상	26%
14년 이상	28%
15년 이상	30%

양도차익에서 장기보유특별공제와 기본공제를 차감해 양도소득 과세표준을 계산한 후, 세율을 적용해 양도소득세를 산출하고 있습니다.

과세표준	양도소득세 기본세율
1,400만 원 이하	과세표준의 6%
1,400만 원 초과 5천만 원 이하	84만 원 + (1,400만 원을 초과하는 금액의 15%)
5천만 원 초과 8,800만 원 이하	624만 원 + (5천만 원을 초과하는 금액의 24%)
8,800만 원 초과 1억 5천만 원 이하	1,536만 원+ (8,800만 원을 초과하는 금액의 35%)
1억 5천만 원 초과 3억 원 이하	3,706만 원 + (1억 5천만 원을 초과하는 금액의 38%)
3억 원 초과 5억 원 이하	9,406만 원 + (3억 원을 초과하는 금액의 40%)
5억 원 초과 10억 원 이하	1억 7,406만 원 + (5억 원을 초과하는 금액의 42%)
10억 원 초과	3억 8,406만 원 + (10억 원을 초과하는 금액의 45%)

양도하는 주택이 1세대 1주택 비과세요건을 충족하는 경우, 전체 양도차익 중 양도가액 12억 원에 해당하는 가액만큼을 비과세 양도차익으로 차감해주고 있으며, 장기보유특별공제에서도 최대 80%까지 양도차익에서 공제해주고 있습니다. 이에 대해서는 6장에서 구체적으로 살펴보도록 하겠습니다.

집을 매도하는 순서,
매도 먼저? 주거 계획 먼저?

집을 매도한 뒤에도 '주거지'는 반드시 필요합니다. 가장 이상적인 시나리오는 새로운 거주지를 미리 확보한 상태, 예를 들어 일시적 2주택 허용 기간을 활용하거나, 아파트 청약 당첨 후 입주를 준비 중일 때 기존 주택을 매도하는 방식입니다. 그러나 현실에서는 개인의 자금 여건, 수도권의 청약 물량 부족 등 다양한 제약으로 인해 이러한 방식이 쉽게 실현되기 어려운 것이 사실입니다.

그렇기 때문에 대부분의 사람들은 고민에 빠질 수밖에 없습니다. 새집을 먼저 구입한 후 기존 집을 나중에 팔아야 할지, 아니면 기존 집을 먼저 매도한 뒤 새집을 구입해야 할지 선택의 기로에 서게 되는 것입니다. 물론 이 문제에 정해진 정답은 없습니다. 다만 제 경험상 많은 사람들에게 기존 집을 먼저 매도하고 그다음에 새집을 구입하는 방식을 추천합니다. 그 이유는 부동산이라는 자산의 특성상 대부분의 경우 보유한 자산(에쿼티)을 최대한 활용해 새집을 마련하게 되는데, 이 과정에서 자금 흐름이나 일정이 조금만 어긋나더라도 되돌리기 어려운 문제가 발생할 수 있기 때문입니다.

물론 먼저 팔고 나중에 사는 방식은 집값이 급등하는 시기에는 하루가 다르게 시세가 올라 원하는 매물을 놓칠 위험이 있습니다. 따라서 특정 단지 한곳에만 매수를 집중하기보다는 여러 단지를 함께 살펴보며 플랜 A, 플랜 B 등 대안을 마련해두는 전략이 더 유리합니다. 이러한 대안이 있어야 급매 물건 등이 왔을 때 보다 협상력에 우위를 가져갈 수 있다는 점을 기억하세요.

또한 내가 파는 집의 계약 조건을 유연하게 설정하거나, 필요하다면 가족이나 지인에게 단기 자금을 차용해 새로운 집 매수 조건을 보다 유리하게 만드는 방법도 고려할 수 있습니다. 이런 방식으로 자금과 매물 확보 측면에서 리스크를 최소화할 수 있습니다.

먼저 새집을 구입한 뒤 기존 주택을 매도하는 경우, 가장 큰 리스크는 기존 집이 예상보다 오래 팔리지 않을 수 있다는 점입니다. 이럴 경우 최악의 시나리오로는 먼저 매수한 주택의 계약을 이행하지 못해 배액 배상 등의 법적 책임이 발생할 수도 있습니다. 다만 아파트의 경우, 가격에 충분한 경쟁력이 있다면 비교적 빠른 시일 내 매도가 이루어질 가능성도 있습니다.

이런 상황을 대비하기 위해서는 잔금 일정을 가능한 한 뒤로 조정하는 전략이 필요합니다. 일반적으로 부동산 거래는 계약금, 중도금,

잔금 순으로 약 3개월 정도의 일정을 기준으로 진행되지만, 매수 시 잔금일을 넉넉하게 잡고 "(매수인의) 기존 주택 매도 상황에 따라 잔금일 및 소유권 이전일을 합의하에 앞으로 조정할 수 있다"는 특약을 넣어두는 것이 좋습니다. 이는 매도와 매수 간 일정 불일치로 인한 리스크를 최소화하는 데 효과적인 방법입니다.

항상 단지 내 최저가 매물은 항상 존재하고, 가장 빠르게 거래가 되기는 합니다. 또는 조건 등을 최대한 협상해주는 방안으로도 이야기해볼 수 있으며, 보다 많은 부동산에 매물을 내놓는 것이 유리합니다. 또는 새집을 계약할 때 특약 조건 등을 최대한 활용하는 방안입니다. 예를 들어 새집을 매도한 매도자와 협상이 필요한 영역으로 소유권 이전 등기 등은 일정에 맞춰 진행하지만 일부 금액은 근저당 설정 등으로 매수자 또는 매도자와 협상해볼 수도 있습니다.

부동산을 매도한 후 새로운 주택을 구입할 계획이라면, 매도 대금의 입금 시기와 신규 대출 실행 시기를 철저히 조율하는 것이 중요합니다. 자금 흐름이 원활하지 않으면 예상치 못한 금융 비용이 발생하거나 계약 일정에 차질이 생길 수 있기 때문입니다.

우선 소유권 이전이 완료되기 전까지는 기존 주택의 대출을 상환해야 하며, 대부분 소유권 이전 당일 기존 주택의 근저당 말소가 이루어진 후 소유권 이전 절차가 진행됩니다. 이때 근저당 말소를 위해서는 대출을 완전히 상환해야 하므로, 이에 대한 대비가 필요합니다. 또한 대출을 조기 상환하는 경우 금융기관에 따라 중도상환 수수료가 부과될 수 있으며, 대출 조건에 따라 예상하지 못한 큰 비용이 발생할 수도 있습니다. 따라서 매매 일정과 대출 상환 계획을 사전에 철저히

부동산 매도 불변의 법칙

검토해야 합니다.

특히 새로운 주택을 매수하려는 경우에는 반드시 주택담보대출(주담대) 규제 사항을 꼼꼼히 확인해야 합니다. 2025년 6월 27일 발표된 정부의 부동산 금융 대책에 따르면, 투기과열지구 및 조정대상지역 내에서 시가 6억 원 이상 주택을 신규 구입하는 경우, 기존 1주택자의 추가 주담대가 원칙적으로 금지됩니다. 이로 인해 실수요자라하더라도 종전 주택을 처분하거나, 일정 요건을 충족하지 않으면 사실상 신규 주택 매수가 불가능해질 수 있습니다.

또한 다주택자의 경우에는 여전히 대출 자체가 막혀 있거나, 매우 제한된 조건에서만 가능하므로 매수 전 반드시 대출 가능 여부를 금융기관을 통해 사전에 확인해야 합니다. 아울러 총부채원리금상환비율(DSR) 규제 역시 강화되어 개인 소득에 따라 대출 한도가 엄격히 제한되고 있는 만큼, 실제로 어느 정도의 자금을 조달할 수 있을지 구체적으로 시뮬레이션해보는 것이 중요합니다.

2025년 기준으로 금융당국은 실수요자 중심의 정책을 유지하면서 다주택자에 대한 규제를 지속적으로 강화하고 있습니다. 이는 정책 변화에 따라 대출 요건이 수시로 변경될 수 있다는 이야기입니다. 그러니 소유권 이전 시점에 대출 실행이 원활하게 이루어지지 않는다면 심각한 문제가 발생할 가능성이 큽니다.

이처럼 대출 실행이 불확실한 이유는 다양한 요인으로 인해 대출 심사가 거절되는 사례가 많기 때문입니다. 소득 조건, 신용도, 기존 부채 상황뿐만 아니라 정책 변화에 따라 대출 승인 기준이 갑자기 달라질 수도 있어 사전에 철저한 준비가 필요합니다. 대출은 승인만 받았다고 끝나는 것이 아니라, 실제 실행되어야 비로소 활용할 수 있는 금융 레버리지가 된다는 점을 반드시 기억해야 합니다.

또한 같은 금융당국의 규제 아래에서도 다주택자 대출 조건은 5대 시중은행(국민, 신한, 하나, 우리, 농협)별로 차이가 있습니다. 이는 각 은행이 개별적으로 설정하는 대출 심사 기준과 정책적 해석이 다르기 때문입니다. 따라서 주택 수 및 지역 요건에 따른 대출 가능 여부를 미리 여러 은행을 통해 확인하고, 대출 승인을 확실히 받을 수 있도록 전략적으로 접근하는 것이 중요합니다.

마지막으로 대출 중개 플랫폼이나 중개업자를 활용하는 경우도 많습니다. 1금융권뿐만 아니라 2금융권까지 다양한 금융기관의 대출 상품을 비교해 가장 경쟁력 있는 조건을 안내해주기 때문에, 대출을 받는 입장에서는 유용한 선택지가 될 수 있습니다.

이때 대출 중개인을 통한 대출을 이용할 경우, 보다 신중한 검토가 필요합니다. 경험상 중개인을 거쳐 대출을 진행할수록 세부적인 조건이나 추가 비용을 꼼꼼히 따져보지 않으면 예상치 못한 불이익을 받을 가능성이 높습니다. 대출 중개인은 금융기관과 대출 신청자를 연결해주는 역할을 할 뿐, 실제 대출 실행 과정에서 발생하는 문제에 대한 법적 책임을 지지 않는다는 점을 반드시 기억해야 합니다. 따라서 대출 계약을 체결하기 전에 금리, 상환 조건, 중도상환 수수료 등 모든 세부 사항을 직접 확인하고, 필요하다면 금융기관과 직접 상담을 진행하는 것이 바람직합니다.

매도 시점의
정책 확인

　시장을 이루는 근간은 '보이지 않는 손'의 움직임 덕분이라 하지만, 우리나라 부동산 시장에 있어 '보이는 손'으로 작용하는 인위적인 요인이 있습니다. 바로 정부에 의한 부동산 정책입니다.

　부동산 시장의 흐름은 단순한 수요와 공급의 원리에만 따라 움직이지 않습니다. 실제로 우리나라 부동산 시장은 '보이는 손'이라 불리는 정부 정책에 의해 크고 작은 영향을 받습니다. 부동산 시장의 심리가 가격 형성에 큰 영향을 미친다는 점에서, 정부 정책은 단지 제도적 조치가 아니라 시장 참여자의 태도와 기대를 전환시키는 강력한 신호 역할을 합니다.

　2025년 6월 27일, 정부는 갑작스럽게 '6억 원 초과 주택담보대출 제한' 규제를 발표했습니다. 발표 하루 뒤인 6월 28일부터 즉시 시행된 이번 조치는 기존 대출 규제보다 훨씬 강도 높은 수준으로, 수도권을 중심으로 이미 조정되던 시장에 추가적인 충격을 주었습니다.

이처럼 정책은 그 자체로도 중요한 변수가 되지만, 정책 발표 시점, 적용 방식, 예외 조건의 유무에 따라 매수자와 매도자 모두의 행동에 큰 영향을 미치게 됩니다. 예를 들어 2025년 6월 말 기준 수도권 중형 아파트 가격대가 대부분 6억 원 이상에 형성되어 있다는 점을 고려할 때, 이번 정책은 고가 주택의 매수심리를 직접적으로 위축시키는 효과를 가집니다. 이는 곧 매도자에게는 수요 축소, 즉 매물 회전 속도 둔화로 이어질 수 있다는 의미입니다.

부동산 정책은 규제든 완화든 일정한 방향성을 가지고 시장에 개입하지만, 그 효과는 시기와 시장 참여자들의 태도에 따라 다르게 나타납니다. 특히 이번처럼 '즉시 시행' 형태로 발표되는 정책은, 기존 계획을 가진 수요자의 자금 흐름을 갑자기 막아버리는 결과를 낳습니다. 그 결과로 일부 매물은 거래 지연이나 가격 조정의 압박을 받을 수밖에 없습니다.

이처럼 정부의 정책은 매도 시점의 전략을 결정짓는 주요 요인입니다. 정책이 가격을 직접적으로 조정하지는 않지만, 시장 참여자들의 심리를 조절함으로써 가격 형성 메커니즘 전체에 영향을 주기 때문입니다. 따라서 매도자는 시장의 단기 흐름뿐 아니라, 정책의 방향성과 정책 적용의 구체적인 방식까지 반드시 점검해야 합니다.

분양가상한제 적용 주택
실거주 의무 폐지

정부 발표와 실제 입법의 괴리를 보여주는 가장 대표적인 최신 사례로 '분양가상한제 적용 주택의 실거주 의무' 관련 논란을 들 수 있습니다. 이 사례의 전개 과정을 시간순으로 살펴보면, 정부의 정책 의지가 국회라는 입법 관문을 통과하며 어떻게 달라지는지를 명확히 알 수 있습니다.

분양가상한제 적용 주택에 실거주 의무 부여는 문재인 정부의 부동산 규제 강화 정책의 일환으로 도입되었습니다. 당시 정부는 분양가상한제로 인해 시세보다 저렴하게 공급되는 아파트가, 실제 거주 목적이 아닌 시세차익을 노리는 갭 투기 세력에게 돌아가는 것을 막고자 했습니다.

이에 2019년 12월 16일 발표한 '12·16 부동산 대책'에 실거주 의무 부과 방안을 포함시켰고, 국회에서 「주택법」 개정을 거쳐 2021년 2월 19일부터 분양가상한제 주택에 대한 입주자의 실거주 의무가 본격적으로 시행되었습니다. 당시 국회 구성은 여당이 다수 의석을 차지한 상태였습니다.

이러한 실거주 의무 제도는 정권이 바뀌면서 새로운 국면을 맞이합니다. 윤석열 정부는 출범부터 부동산 시장 규제 완화를 주요 정책 기조로 삼았고, 그 일환으로 2023년 1월 3일, '1·3 부동산 대책'을 통해 분양가상한제가 적용된 수도권 아파트의 실거주 의무를 전면 폐지하겠다고 발표했습니다. 이는 시장의 큰 기대를 모았고, 일부 수분양자들은 실거주 의무가 사라질 것을 전제로 자금 계획을 세우기도 했습니다.

하지만 실거주 의무는 「주택법」에 규정된 법률 사항이었기에, 이를 폐지하기 위해서는 반드시 국회의 법 개정이 필요했습니다. 정부는 곧바로 「주택법」 개정안을 국회에 제출했지만, 당시 여소야대 국면에서 다수당인 야당은 '실거주 의무 폐지가 갭 투기 등 투기 수요를 부추길 수 있다'라는 이유로 강력히 반대했습니다. 이로 인해 법안은 국회 국토교통위원회에 1년 가까이 계류되며 한 발짝도 나아가지 못했습니다. 실거주 의무가 사라질 것으로 예상했던 사람들의 불안은 커져만 갔습니다.

1년 가까이 평행선을 달리던 법안 논의는, 단군 이래 최대 재건축 단지로 불리는 둔촌주공아파트, 즉 약 1만 2천 가구 규모의 '올림픽파크 포레온' 아파트 입주 시점이 임박한 배경으로 급물살을 타게 됩니다. 분양가상한제를 적용받은 이 단지의 수분양자들은 당시 정부의 폐지 발표를 믿고, 입주 시점에 전세를 놓아 받은 보증금으로 잔금을 치를 계획을 세운 경우가 많았습니다.

하지만 법안 처리가 기약 없이 미뤄지면서, 2024년 11월로 다가온 입주 시점까지 잔금을 마련하지 못하는 대규모 잔금 미납 사태 우려가 언론을 통해 연일 보도되며 사회적 문제로 떠올랐습니다. 결국 '둔촌주공 사태'를 막아야 한다는 현실적인 필요성이 정치권에 압력으로 작용했고, 여야 양측은 절충안을 모색했습니다. 그 결과 완전 폐지가 아닌, 의무 시작 시점을 3년간 유예해주는 것으로 합의가 이루

부동산 매도 불변의 법칙

어졌습니다.

2024년 2월 국회 본회의를 통과한 「주택법」 개정안은 '최초 입주 가능일' 즉시 거주해야 했던 기존 규정을 완화해, '최초 입주 가능일부터 3년 이내'에만 입주하면 의무를 이행한 것으로 보도록 변경했습니다. 이는 미봉책으로 정부가 처음 약속했던 '완전 폐지'와는 거리가 먼 결과였고, 여전히 현재 진행형의 문제로 남아있습니다.

이 사례는 정부의 정책 발표를 액면 그대로 믿고 성급하게 의사결정을 할 경우, 국회 입법 과정에서 내용이 전혀 다르게 바뀌거나 무산되어 자금 계획 전체가 흔들리는 낭패를 볼 수 있다는 점을 잘 보여줍니다. 부동산 정책의 변화를 살필 때는 정부의 발표와 더불어, 그것이 법률 개정이 필요한 사안인지, 현재 국회 구성상 통과 가능성은 어떠한지를 반드시 함께 살피는 지혜가 필요합니다.

THE UNCHANGING RULE

중요하게 고려해야 할
부동산 시장 상황

집을 매도하거나 매수할 때, 가장 중요한 것은 현재 부동산 시장의 흐름을 정확히 파악하는 것입니다. 시장이 상승 국면인지, 하락 국면인지, 혹은 보합세를 유지하고 있는지에 대한 판단이 필요합니다. 하지만 이러한 판단을 내리는 과정에서 많은 사람이 전문가들의 의견에 의존하는 경향이 있습니다.

물론 부동산 전문가나 시장 분석가들의 의견을 참고하는 것은 도움이 될 수 있습니다. 하지만 중요한 점은, 그들의 의견이 완전히 객관적이지 않을 수도 있다는 사실을 인지하는 것입니다. 전문가들 역시 자신만의 이해관계를 가지고 있으며, 특정한 입장에서 의견을 제시할 가능성이 큽니다. 따라서 전문가의 조언이 단순한 '예측'인지,

부동산 매도 불변의 법칙

아니면 특정한 의도를 가진 '권유'인지 구분하는 것이 중요합니다.

부동산 거래는 단순한 투자나 소비를 넘어, 인생에서 가장 중요한 의사결정 중 하나라고 해도 과언이 아닙니다. 만약 이러한 결정을 온전히 타인의 의견에 의존해서 내린다면, 그 결과가 좋지 않을 경우 후회할 가능성이 높아지고, 무엇보다도 그 과정에서 배우는 것도 없습니다. 스스로 충분한 정보와 논리를 바탕으로 판단하는 습관을 기르는 것이 필요합니다.

투자는 본인이 직접 공부하고, 경험하면서 스스로 의사결정을 내려야 합니다. 누군가의 조언이 영향을 미칠 수는 있지만, 최종 단계에서는 다른 사람이 아닌 내가 직접 결정하고, 그 결정에 대한 책임을 져야 합니다. 그래서 투자를 하다 보면 외롭고 고독해지기 마련입니다.

가끔 부동산 관련 조언을 구하는 질문 중 가장 많이 듣는 내용이 지금 이 집을 사야 할지, 말아야 할지와 같은 것입니다. 부동산 전문가라고 하는 분들도 매 순간 상승과 하락, 보합으로 의견이 나뉘는데, 이런 질문을 한다고 해서 더 정확한 답변을 듣기는 어렵습니다. 본인이 충분하게 검토한 후에 스스로 결정을 내려야만 할 뿐 누군가 대신해서 답변을 줄 수는 없습니다. 단순하게 누군가의 의견을 따라서 인생에서 가장 크다고 볼 수 있는 부동산 투자를 결정한다면, 나중에 그 책임 소재를 따질 수도 없습니다. 내가 직접 공부하고, 보고 듣고 느끼면서 판단해본 소중한 경험도 얻을 수 없습니다. 결국 모든 문제는 내가 직접 해결해야 한다는 사실을 기억하세요.

무엇을 먼저 확인해야 할까?

부동산 시장은 단순히 수요와 공급의 법칙에 따라 움직이는 것이 아니라, 다양한 외부 요인과 내부 요인의 영향을 복합적으로 받습니다. 예를 들어 정부의 부동산 정책, 대출 규제 및 금리 수준, 국제 경제 및 정치 상황과 같은 외부 요인은 매수·매도 심리에 직접적인 영향을 미칩니다. 동시에 지역 내 신규 공급 물량, 전세가율, 투자 심리, 인구 구조 변화, 주변 개발 계획 등과 같은 내부 요인도 시장 흐름을 결정하는 중요한 요소로 작용합니다.

따라서 현재 시장이 가격이 급등하는 상승 국면인지, 급락하는 하락 국면인지, 매수·매도가 균형을 이루는 보합 국면인지, 혹은 관망(정체) 국면이나 회복(반등) 국면에 있는지를 정확히 판단하는 것이 필수적입니다.

① 급등 구간

매수 심리가 강해지고, 수요가 공급을 초과하는 단계입니다. 매도자는 원하는 가격보다 더 높은 가격에도 거래를 성사시킬 수 있으며, 심지어 호가를 높여도 매수 의향이 이어지는 경우가 많습니다. 이 시기에 매도할 경우 높은 가격을 실현할 수 있지만, 동시에 추가 상승 기대감 때문에 매도 시점을 놓칠 위험도 존재합니다.

특히 급등 구간에서는 정부의 예고 없는 규제 정책이 갑작스럽게 발표되는 경우가 많아, 매수 심리를 빠르게 꺾어버릴 수 있습니다. 따라서 단기적인 흐름만 보고 결정하기보다는 정책 발표 가능성, 거래량 흐름, 실거래가 추이 등을 함께 고려해 매도 타이밍을 신중히 판단해야 합니다.

② 급락 구간

매수 심리가 극도로 위축되고 거래량이 급감하는 시기입니다. 가격은 빠르게 하락하며, 매수자들은 '더 떨어질 것'이라는 기대감에 관망세로 돌아섭니다. 반면 매도자는 가격을 낮춰도 거래가 쉽게 이루어지지 않는 상황이 반복됩니다. 특히 경기 침체, 대출 규제 강화, 금리 인상 등의 요인이 동시에 작용할 경우, 하락세는 더욱 가속화될 수 있습니다.

이러한 시기에 매도를 계획한다면 단순 매도보다는 손실 최소화를 위한 전략이 필요합니다. 예를 들어 양도세 차손 공제 활용, 장기 보유 후 시장 회복을 기다리는 방안, 혹은 일시적 임대를 통한 현금 흐름 확보 등 현실적인 대안을 마련해두는 것이 중요합니다.

③ 보합 구간(강보합, 약보합 등 구분 필요)

매수와 매도가 균형을 이루어 가격 변동이 크지 않은 안정적인 시기입니다. 이 시기에는 시장의 변화를 예측하기 어렵기 때문에, 향후 가격 상승 가능성이 높은지, 하락 가능성이 높은지를 면밀히 분석해야 합니다.

보합 국면은 일반적으로 매수자와 매도자의 힘이 균형을 이루어 가격 변동이 크지 않은 안정적인 시기로 여겨집니다만 '보합'이라는 표현을 단순히 변동이 없다는 의미로 해석하는 것은 위험합니다. 시장은 겉으로는 조용해 보일 수 있지만, 그 속에서는 상승과 하락 중 어느 방향으로든 움직일 수 있는 미세한 기류의 변화가 감지되기 마련입니다. 따라서 보합 역시 '강보합'과 '약보합'으로 구분해 해석하는 것이 중요합니다.

강보합 국면은 거래량이 소폭 증가하거나 매수자들의 문의가 꾸준히 이어지는 등 시장의 상승 압력이 서서히 쌓이고 있는 시기를 의미합니다. 이러한 상황에서는 표면적으로는 가격 변동이 없더라도 심리적 가격 상단이 서서히 높아지고 있는 경우가 많습니다. 이 시기에는 추후 급등 전환 가능성이 내포되어 있으므로, 매도자는 너무 빨리 매물을 처분하기보다는 반응을 지켜보며 시장의 상승 흐름에 편승할 여지를 남겨두는 전략이 필요합니다.

반대로 약보합 국면은 거래량이 줄어들고, 매수자의 문의가 뜸해지는 등 하락 압력이 서서히 강해지고 있는 상태를 말합니다. 가격은 일정 수준에서 유지되는 것처럼 보이지만, 실제 체결가는 낮아지고 있거나, 매수자가 좀처럼 움직이지 않는 분위기가 감지된다면 하락 전조로 판단할 수 있습니다. 이 경우에는 장기화되는 대기보다 선제적인 가격 조정이나 매도 타이밍 조율이 필요할 수 있습니다.

특히 보합 구간에서는 시장의 방향성을 외부 변수에 크게 의존하는 경우가 많습니다. 정책 발표, 금리 변화, 거래량 추이 등의 사소한 요소 하나에도 시장 심리가 빠르게 요동칠 수 있습니다. 이런 시기일수록 매도자는 단순히 '지금은 조용하다'는 분위기에 안주해서는 안 됩니다. 시장 안팎의 정황을 종합적으로 분석한 뒤, 현재 보합이 강세로 이어질 가능성이 있는지, 아니면 하락의 전조인지를 끊임없이 점검해야 합니다.

결국 보합이라는 단어 하나로 시장을 단정 짓는 것은 위험한 생각입니다. 보합 속에 숨겨진 강약의 신호를 읽을 수 있어야 시장의 다음 움직임에 능동적으로 대응할 수 있으며, 보다 유리한 가격과 시점에 매도 전략을 설계할 수 있습니다.

부동산 시장은 단순히 외부 전문가의 의견에만 의존하기보다는, 다양한 요인을 직접 분석하고 종합적으로 판단해야 하는 영역입니다. 거래를 결정할 때 단순히 현재 가격만 보고 성급하게 매도를 결정해서는 안 됩니다. 현재 시점에서 매도하는 것이 정말 최선인지, 혹은 매도 후에 가격이 추가로 상승할 가능성은 없는지, 잔금 시점에 시세가 변동해 예상치 못한 차익 또는 손실이 발생할 가능성은 없는지 등을 고민해야 합니다.

부동산 시장은 금리, 정부 정책, 지역별 공급 상황, 투자 심리, 경기 사이클 등 다양한 변수가 복합적으로 작용하기 때문에, 이와 같은 다양한 요소를 스스로 꼼꼼히 확인하고 종합적으로 판단하는 과정이 매우 중요합니다(적어도 팔고 나서 후회하는 일은 없어야겠습니다). 또한 단기적인 시장 분위기에 휩쓸려 결정을 내리기보다는 장기적인 관점에서 자신의 자금 계획과 주거 계획까지 함께 고려해 전략적으로 접근해야 합니다. 궁극적으로 부동산 매도의 결정권자는 전문가도, 주변 사람도 아닌 바로 본인이라는 점을 다시 한번 잊지 않아야 합니다.

부동산을 매도하거나 매수하는 과정에서는 다양한 거래 비용이 필연적으로 발생합니다. 이러한 비용들을 사전에 충분히 고려하지 않으면, 예상치 못한 지출로 인해 자금 계획에 차질이 생기고, 결과적으로 재정적 부담이 크게 늘어날 수 있습니다.

가장 대표적인 비용 중 하나는 바로 부동산 중개수수료입니다. 이 수수료는 거래 금액에 따라 차등 적용되며, 주택의 경우 최고 0.7%까지 부과됩니다(15억 원 이상 기준). 특히 고가 주택을 거래할 경우, 중개수수료만으로도 수천만 원에서 억대까지 발생할 수 있기 때문에, 별도의 자금 계획이 필요합니다.

이 외에도 매도자는 양도소득세, 매수자는 취득세, 등기 비용, 이사비, 인테리어 또는 리모델링 비용 등 다양한 부대 비용을 감안해야 합니다. 단순히 '얼마에 팔고 사느냐'만 따질 것이 아니라, 모든 거래에 따른 부대 비용을 종합적으로 계산해 실제 순수익 또는 순지출을 명확히 파악하는 작업이 필수적입니다.

또한 주택담보대출(주담대)이 있는 경우, 대출금 중도상환 수수료도 반드시 고려해야 합니다. 일반적으로 주담대를 약정 기간보다 조기에 상환하면 1.5% 내외의 수수료가 부과되며, 이는 대출 실행 시점부터 약 3년간 '슬라이딩 방식'으로 해마다 일정 비율씩 줄어드는 구조입니다. 즉, 대출 실행 직후에 상환할수록 수수료 부담이 크고, 만기에 가까울수록 부담이 거의 사라집니다. 매도 시 대출 상환 계획을 세울 때는 이 중도상환 수수료를 정확히 계산해 자금 계획에 반영해야 합니다.

마지막으로 대출을 받은 주택이라면 근저당권 말소 절차와 그에 따른 비용도 필수적으로 발생합니다. 대출을 모두 상환한 이후에는 근저당권을 말소해야 매수자에게 소유권을 온전히 이전할 수 있으며, 이 과정에서 법무사 수수료, 등록세, 인지세 등이 추가로 들게 됩니다. 이 역시 매도 전에 미리 확인하고 준비해두어야 예기치 못한 지연이나 불필요한 비용 지출을 피할 수 있습니다.

2부

성패를 가르는 매도 전략

2장

·

성공적인 중개업소 선택과 활용법

부동산을 매도할 때 중개업소를 신뢰하라?

부동산을 매도할 때 가장 먼저 떠오르는 존재는 단연 중개업소와 중개사일 것입니다. 이는 매우 자연스러운 일입니다. 부동산 거래는 법적, 행정적 절차가 복잡하고, 전문 지식과 경험이 필요한 영역이라고 인식되기 때문입니다. 대부분의 사람들은 매도 과정을 잘 알지 못하거나 직접 진행하는 데 부담을 느끼기 때문에, 자연스럽게 가격 책정부터 매수자 상담, 홍보, 협상, 계약 체결, 사후 관리까지 거의 모든 절차를 중개사에게 전적으로 의존하는 경우가 많습니다.

하지만 이는 매우 위험한 접근 방식입니다. 중개사는 매도자의 편도, 매수자의 편도 아닙니다. 그들의 궁극적인 목표는 거래를 성사시키는 것, 즉 수수료를 받고 최대한 빨리 계약을 마무리하는 것입니다.

이런 구조 속에서는 때로는 매도자에게 불리한 조건이라도 타협을 권유하거나, 가격을 낮추도록 설득하는 일도 발생할 수 있습니다. 중개사는 물론 거래의 전문가이고, 시장 정보와 협상 기술을 보유하고 있지만, 그들이 매도자의 이익만을 최우선으로 고려하지는 않는다는 점을 분명히 알아야 합니다. 따라서 매도자에게 가장 중요한 태도는 단 하나입니다.

"내가 더 많이 알고 있어야 한다."

즉, 시장 시세, 해당 지역 거래 사례, 부동산 관련 법과 세금, 협상 전략 등 핵심 정보를 스스로 충분히 공부하고 이해해야만 합니다. 그래야 중개사와의 협의 과정에서도 주도권을 유지하며, 본인에게 가장 유리한 조건으로 거래를 이끌어 갈 수 있습니다.

중개업소 선택의 기준

앞서 강조했듯이 부동산 매도나 임대를 준비할 때 중개사를 전적으로 신뢰해서는 안 되며, 내가 더 많이 알고 있어야 한다는 점은 매우 중요합니다. 하지만 그렇다고 해서 중개업소를 선택할 때 아무 기준 없이 대충 결정해도 된다는 뜻은 결코 아닙니다. 실제로 중개업소의 선택은 거래 결과를 좌우할 정도로 매우 중요하며, 때로는 수천만 원 이상의 차이를 만들어내기도 합니다. 특히 중개사의 지역 전문성은 매도자 또는 임대인의 최종 수익과 거래 속도, 협상력에 직접적인 영향을 미치는 핵심 요소입니다.

중개업소를 선택할 때는 무엇보다 단지 내 또는 해당 지역을 중심으로 활동하는 중개업소를 선택하는 것이 중요합니다. 가장 바람직한 중개업소는 해당 단지에 실제로 위치하거나, 단지를 주요 영업 구역으로 삼고 있는 곳입니다. 이러한 중개업소는 단지의 거래 흐름과 시세 변화, 실거래 사례를 누구보다 잘 알고 있습니다. 예를 들어 최근 어떤 조건으로 거래가 성사되었는지, 어떤 층수나 향(방향)이 더 선호되는지, 그리고 어떤 면적대($59m^2$, $84m^2$ 등)의 수요가 높은지 등을 세밀하게 파악하고 있습니다. 이러한 세부 정보는 매수자가 방문했을 때 단지의 장점을 구체적이고 설득력 있게 설명할 수 있는 강력한 무기가 됩니다. 또한 이들은 주변 경쟁 매물과 비교하면서 해당 단지만의 차별화된 가치와 매력을 부각시키는 노하우를 갖추고 있기 때문에, 매도자가 원하는 가격과 조건에 맞춰 보다 효과적인 협상이 가능해집니다.

반면 단지 외부에 있는 중개업소나 해당 지역과 관련이 적은 중개업소는 이러한 세부적이고 현장감 있는 정보를 직접 접할 기회가 적습니다. 그 결과 매수자에게 단지의 장점을 충분히 전달하지 못하고, 시세에 맞는 적절한 호가 제안이나 협상 전략을 세우는 데 한계가 있습니다. 따라서 단지 내부 또는 인근에서 활동하는 중개업소는 매물의 강점을 보다 정확하고 구체적으로 설명하며, 매수자의 관심을 효과적으로 끌어낼 가능성이 훨씬 높습니다. 결국 중개업소 선택은 단순한 편리함을 넘어, 매도 가격과 거래 성사 속도를 결정짓는 핵심 전략적 요소라는 점을 명심하세요.

중개업소의 실력과 활동성을 가늠할 수 있는 가장 간단하면서도

• 네이버 부동산에 등록된 중개사

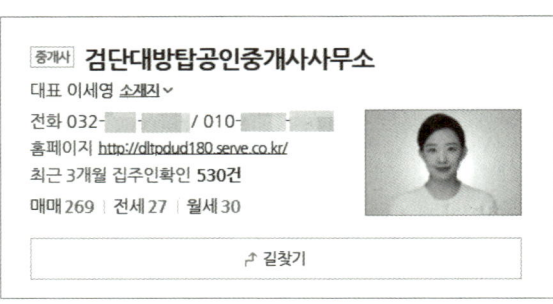

효과적인 방법은 네이버 부동산에 등록된 매물 수를 확인하는 것입니다. 먼저 네이버 부동산에서 관심 있는 단지를 검색해보면, 매물 옆에 해당 매물을 등록한 중개업소의 이름과 연락처가 함께 표시됩니다. 이렇게 검색된 매물 목록을 살펴보면, 동일 단지 내에서 여러 매물을 지속적으로 다루고 있는 중개업소가 어디인지 한눈에 파악할 수 있습니다.

여기서 중요한 판단 기준은 단순히 매물 수가 많다는 사실 자체가 아니라, 그 단지에서 지속적으로 거래를 성사시키며 매도자와 매수자 모두에게 신뢰를 쌓아왔다는 점에 있습니다. 해당 단지 내에 많은 매물을 보유하고 있다는 것은 그만큼 거래 경험이 풍부하고, 실제 고객 네트워크를 잘 구축하고 있으며, 실거래 데이터를 정확히 반영한 호가 전략을 구사할 가능성이 높다는 의미입니다.

또한 과거에는 허위 매물을 통해 방문객을 유도하는 사례가 흔히 있었지만, 최근에는 플랫폼의 검증 시스템 강화와 정부 정책 개선으로 인해 허위 매물을 등록하기가 매우 어려워졌습니다. 따라서 현재 네이버 부동산에 등록되어 있는 매물은 대부분 실제로 존재하는 매물이며, 이를 기준으로 중개업소의 실질적인 활동성, 전문성, 신뢰도를 평가할 수 있습니다. 즉, 단순히 '광고를 잘한다'는 수준이 아니라, 실제 시장에서 얼마나 많은 신뢰를 받고, 반복적인 거래를 성사시켰는지를 가늠할 수 있는 구체적이고 객관적인 지표가 됩니다.

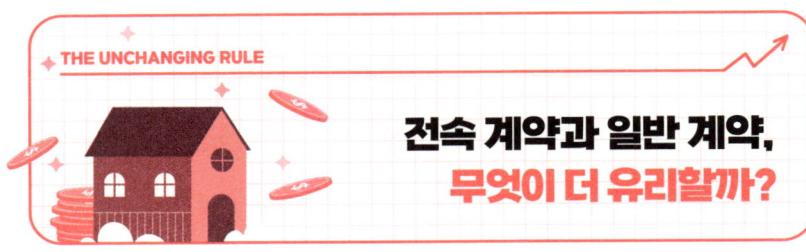

THE UNCHANGING RULE

전속 계약과 일반 계약, 무엇이 더 유리할까?

중개업소를 선택한 후, 다음으로 결정해야 할 것은 어떤 형태로 계약을 맺을 것인가입니다. 부동산 매물을 중개업소에 의뢰할 때는 기본적으로 '전속 계약' 또는 '일반 계약'이라는 2가지 방식 중 하나를 선택하게 됩니다. 이 계약 방식에 따라 매물의 노출 범위, 중개사의 태도, 거래 속도 등이 달라질 수 있기 때문에 신중한 선택이 필요합니다.

전속 계약이란?

전속 계약은 특정 중개업소 한곳에만 매매를 독점적으로 위임하는 방식입니다. 즉, 계약 기간 동안은 다른 중개업소에 동일한 매물을 의뢰할 수 없지는 않지만, 신뢰 및 이해 관계를 기반으로 말 그대로 한 중개업소와의 전속적 관계를 맺게 됩니다.

이 방식의 장점은 한눈에 보기에도 분명합니다. 첫째, 중개업소가 매물을 단독으로 책임지기 때문에, 보다 집중적이고 전략적인 홍보 활동을 펼칠 가능성이 높습니다. 때로는 공동 중개보다 단독 중개를 확보하기 위해 광고를 다소 제한적으로 운영하는 경우도 있지만, 관리와 마케팅을 집중할 수 있다는 점은 분명한 강점입니다. 둘째, 매물 관리가 한곳에서 통합적으로 이루어지기 때문에 소통이 간결하고 신속합니다. 셋째, 매물 정보가 시장에 과도하게 퍼지지 않아 여러 중개 업소에서 연락을 받지 않아도 되고, 매도자의 특정한 요구 사항을 반영시키는 데 도움이 될 수 있습니다.

하지만 분명한 단점도 존재합니다. 다른 중개업소에 매물을 의뢰할 수 없기 때문에, 해당 중개사의 역량과 네트워크가 부족할 경우 거래 기회를 잃을 위험이 큽니다. 또한 일정 기간 안에 거래가 이루어지지 않더라도, 그동안의 중개사와의 관계로 인해서 중개업소를 변경하기 어렵고, 그만큼 매도에 있어 대기 시간이 길어질 수 있다는 점도 부담으로 작용합니다.

일반 계약이란?

반면 일반 계약은 여러 중개업소에 동일한 매물을 동시에 등록하는 방식입니다. 매도자는 여러 중개사를 통해 매물을 홍보하며, 다양한 네트워크와 마케팅 채널을 한꺼번에 활용할 수 있습니다.

일반 계약의 장점은 매우 직관적입니다. 첫째, 여러 중개업소에서 매물을 동시에 홍보하기 때문에 매수자 접근성이 크게 증가하고, 상대적으로 빠른 시일 내에 거래가 성사될 가능성이 높아집니다. 둘째, 특정 중개업소에 얽매이지 않으므로 더 나은 조건의 매수자와 유연하게 협상할 수 있는 기회가 많아집니다.

그러나 마찬가지로 단점도 있습니다. 매물이 여러 중개사에 흩어져 있다 보니 관리와 소통이 복잡해지고, 중개사 입장에서는 독점 권한이 없기 때문에 홍보에 다소 소극적일 수 있습니다.

실제로는 일반 계약이 매도자에게 더 유리한 방식으로 평가됩니다. 특히 내가 원하는 가격과 조건으로 거래를 성사시키기 위해서는 더 많은 매수자 접점을 확보하고, 시장의 관심을 끌어내는 전략이 필요합니다. 매물의 노출 범위가 넓어질수록 더 많은 관심과 문의가 몰리며, 결국 매도자는 더 좋은 조건을 선택할 수 있는 협상 주도권을 가지게 됩니다.

따라서 단지 내 신뢰할 만한 중개업소를 중심으로 일반 계약을 체결하고, 매물 조건과 가격을 명확히 전달하며, 중복 응대에만 주의한다면, 일반 계약은 충분히 효과적이고 전략적인 선택이 될 수 있습니다.

**일반 계약 시 주의할 점과
실전 관리 요령**

일반 계약은 여러 중개업소에 매물을 동시에 등록할 수 있어 매수자 접점이 넓어지고, 거래 기회가 많아지는 방식입니다. 그러나 그만큼 매물 관리와 정보 전달, 중개업소 간 커뮤니케이션이 매도자의 몫으로 넘어오게 됩니다. 이를 제대로 관리하지 못하면 혼선이 생기거나 매물 신뢰도가 떨어져 오히려 불리하게 작용할 수 있습니다. 따라서 다음과 같은 주의 사항이 필요합니다.

1. 중복 관리에 주의하자

가장 주의해야 할 부분은 중복 관리입니다. 일반 계약의 가장 큰 단점은 여러 중개업소와 동시에 소통해야 한다는 점입니다. 매수자 문의가 서로 다른 중개사를 통해 들어올 경우, 매도자는 같은 설명을 반복해야 하며, 중개사 간 정보가 엇갈리거나 가격 정보가 일관되지 않는다면 혼란이 생길 수 있습니다.

이러한 문제를 예방하기 위해 우선, 기준 가격, 협상 가능 범위, 입주 조건 등 핵심 정보를 명확히 정리해 문서화한 뒤, 이를 모든 중개업소에 동일하게 공유해야 합니다. 공유는 구두보다 카카오톡, 문자 메시지 등 기록이 남는 방식으로 진행하는 것이 좋습니다. 또한 가격이나 조건에 변동이 생겼을 경우에는 등록된 모든 중개업소에 빠짐없이 신속하게 동일한 내용을 전달해야 합니다.

이처럼 매도자가 정보를 주도적으로 통제하고 일관되게 조율할수록, 일반 계약의 장점을 더욱 효과적으로 살릴 수 있습니다.

2. 정보 불일치 문제를 방지하자

간혹 네이버 부동산 등 포털 사이트를 보면, 동일한 매물이 서로 다른 가격이나 조건으로 등록되어 있는 경우를 종종 볼 수 있습니다. 이런 상황은 매수자에게 혼란을 주고, '매도자가 정리가 안 된 것 같다'거나 '매물 자체의 신뢰도가 떨어진다'는 인식을 심어줄 수 있습니다. 이러한 정보 불일치를 방지하려면, 모든 중개업소에 동일한 사진, 가격, 조건으로 매물을 등록해줄 것을 사전에 명확히 요청해야 합니다.

매물이 등록된 이후에도 정기적으로 포털에서 직접 검색해 매물 상태를 확인하고, 가격이나 정보에 오류가 발견되면 즉시 수정 요청을 하는 주도적인 관리가 필요합니다. 특히 네고 가능한 금액 등을 특정 중개사에게 알려주면 그대로 네이버 부동산에 올려놓는 경우가 많아, 사전에 네고 가능한 금액은 어디까지 이지만 공식적으로 올리지는 말아달라는 요청을 반드시 해야 합니다.

또한 매물에 대한 문의가 들어올 때마다 어떤 경로(어느 중개사)를 통해 들어온 문의인지 메모해두면, 어느 중개사가 매물을 성실히 관리하고 있는지 파악하는 데 도움이 됩니다. 이는 이후 홍보 전략이나 단독 계약 전환 여부를 결정할 때도 중요한 판단 기준이 될 수 있습니다.

3. 주도권을 유지하는 커뮤니케이션

일반 계약의 경우 여러 중개사가 동시에 매수자와 접촉하므로, 조건 협상이 분산되기 쉽고, 이 과정에서 매도자가 중심을 잡지 못하면 원하는 가격이나 조건에서 벗어난 거래로 이어질 수 있습니다.

이를 방지하려면, 우선 모든 중개사에게 협상의 기준선을 명확히 전달해야 합니다. 예를 들어 "7억 5천만 원 미만의 제안은 수용하지 않겠습니다"라는 식으로 구체적인 하한선을 미리 공유해두는 것이 효과적입니다.

또한 매수자와 협의가 오간 내용은 매번 간략하게라도 서면이나 메시지로 정리해 회신해달라고 요청해야 합니다. 이렇게 하면 조건이 변경되거나 여러 중개사와 협상이 동시에 진행될 때 생길 수 있는 혼선을 미연에 방지할 수 있습니다.

무엇보다 중요한 점은, 모든 중개업소와 '대등한 협력 관계'로 소통을 유지하는 태도입니다. 특정 중개사가 매수자 유치에 앞서 있다는 이유로 과도하게 우대하거나 협상 주도권을 넘기게 되면, 결과적으로 전체 거래에 영향을 미칠 수 있습니다. 중개사는 매수자를 연결해주는 파트너이자 조율자일 뿐, 최종 결정은 항상 매도자가 내리는 구조를 유지해야 합니다.

공인중개사와의 분쟁을 방지하려면

SOLD

공인중개사의 의무와 손해배상책임

부동산 매매 거래는 대부분 공인중개사의 중개를 통해 이루어집니다. '공인된 중개사'라는 명칭만큼이나 거래 당사자는 그를 신뢰해 거래를 진행하기 마련이지만, 앞서 설명했듯 전적으로 중개사만 믿고 거래를 진행하는 것은 매우 위험한 태도입니다. 공인중개사를 통해 이루어진 거래라 할지라도 분쟁은 부지기수로 벌어지고 있기에 관련된 법적 책임과 분쟁 가능성에 대해 정확히 알아두어야 합니다.

공인중개사와 중개의뢰인 사이의 법률관계는 민법상 위임관계와 유사하며, 「공인중개사법」은 중개사에게 다양한 의무를 부과해 최소한의 거래 안전이 보장될 수 있도록 하고 있습니다. 우선 공인중개사에게는 전문직업인의 품위를 유지하며 신의·성실하게 업무를 수행할 것을 규정해 법적 의무를 부여하고 있고(공인중개사법 제29조), 중개사는 중개대상물의 상태·입지·권리관계, 법령상 거래 제한사항 등을 확인 및 설명할 것을 명시하고 있습니다(공인중개사법 제25조 제1항).

중개대상물 확인·설명 의무는 단순히 등기부에 기재된 내용뿐만 아니라, 실제 권리관계나 공시되지 않은 물건의 권리사항까지 포함합니다. 특히 부동산 시세는 계약 체결의 중요한 요소 중 하나로 인정되어, 중개사가 중개 대상 부동산의 시세를 과장해 설명함으로써 중개의뢰인에게 손해를 입힌 경우 그에 대한 배상책임을 인정한 하급심 판례가 있습니다(대구지방법원 2004. 10. 19. 선고 2004가단23537 판결 참조).

매도인 입장에서 중요한 거래비용, 즉 중개수수료도 법령으로 규제합니다. 「공인중개사법」 시행규칙에 따라 거래금액에 따른 상한요율이 책정되어 있습니다. 중개수수료는 중개의뢰인과 개업공인중개사 사이의 약정으로 정할 수 있으나, 법정 상한선을 초과할 수 없습니다. 구체적인 요율은 거래 유형(매매 또는 임대차)과 거래금액에 따라 다르게 적용됩니다.

2025년 현행 법령상 주택 매매 시 2억 원 이상~9억 원 미만은 거래금액의 0.4%, 9억 원 이상~12억 원 미만은 0.5%, 12억 원 이상

■ 공인중개사법 시행규칙 [별지 제20호서식] <개정 2024. 7. 2.> (6쪽 중 제1쪽)

중개대상물 확인·설명서[I] (주거용 건축물)

(주택 유형: [　]단독주택　[　]공동주택　[　]주거용 오피스텔　)
(거래 형태: [　]매매·교환　[　]임대　)

확인·설명 자료	확인·설명 근거자료 등	[　]등기권리증 [　]등기사항증명서 [　]토지대장 [　]건축물대장 [　]지적도 [　]임야도 [　]토지이용계획확인서 [　]확정일자 부여현황 [　]전입세대확인서 [　]국세납세증명서 [　]지방세납세증명서 [　]그 밖의 자료(　　　)
	대상물건의 상태에 관한 자료요구 사항	

유의사항	
개업공인중개사의 확인·설명 의무	개업공인중개사는 중개대상물에 관한 권리를 취득하려는 중개의뢰인에게 성실·정확하게 설명하고, 토지대장 등본, 등기사항증명서 등 설명의 근거자료를 제시해야 합니다.
실제 거래가격 신고	「부동산 거래신고 등에 관한 법률」 제3조 및 같은 법 시행령 별표 1 제1호마목에 따른 실제 거래가격은 매수인이 매수한 부동산을 양도하는 경우 「소득세법」 제97조제1항 및 제7항과 같은 법 시행령 제163조제11항제2호에 따라 취득 당시의 실제 거래가액으로 보아 양도차익이 계산될 수 있음을 유의하시기 바랍니다.

I. 개업공인중개사 기본 확인사항

① 대상물건의 표시	토지	소재지				
		면적(㎡)		지목	공부상 지목	
					실제 이용 상태	
	건축물	전용면적(㎡)			대지지분(㎡)	
		준공년도 (증개축년도)		용도	건축물대장상 용도	
					실제 용도	
		구조			방향	(기준:　)
		내진설계 적용여부			내진능력	
		건축물대장상 위반건축물 여부	[　]위반 [　]적법	위반내용		

② 권리관계	등기부 기재사항	소유권에 관한 사항		소유권 외의 권리사항	
		토지		토지	
		건축물		건축물	

③ 토지이용계획, 공법상 이용제한 및 거래규제에 관한 사항 (토지)	지역·지구	용도지역			건폐율 상한	용적률 상한
		용도지구			%	%
		용도구역				
	도시·군 계획 시설	허가·신고 구역 여부	[　]토지거래허가구역			
		투기지역 여부	[　]토지투기지역 [　]주택투기지역 [　]투기과열지구			
	지구단위계획구역, 그 밖의 도시·군관리계획		그 밖의 이용제한 및 거래규제사항			

- **주택(주택의 부속토지, 주택분양권 포함)**

(서울특별시 주택중개보수 등에 관한 조례 제2조 별표1)(2021. 12. 30. 시행)

거래내용	거래금액	상한요율	한도액
매매·교환	5천만 원 미만	0.6%	25만 원
	5천만 원 이상~2억 원 미만	0.5%	80만 원
	2억 원 이상~9억 원 미만	0.4%	없음
	9억 원 이상~12억 원 미만	0.5%	없음
	12억 원 이상~15억 원 미만	0.6%	없음
	15억 원 이상	0.7%	없음
임대차 등 (매매·교환 이외)	5천만 원 미만	0.5%	20만 원
	5천만 원 이상~1억 원 미만	0.4%	30만 원
	1억 원 이상~6억 원 미만	0.3%	없음
	6억 원 이상~12억 원 미만	0.4%	없음
	12억 원 이상~15억 원 미만	0.5%	없음
	15억 원 이상	0.6%	없음

출처: 서울특별시 서울부동산정보광장 '부동산 중개정보'

~15억 원 미만은 0.6%, 15억 원 이상은 0.7%가 적용되고 있습니다. 중개사가 '사례금' 명목 등 수수료를 초과 수취할 시에는 「공인중개사법」 위반으로 3년 이하의 징역 또는 3천만 원 이하의 벌금에 처해질 수 있습니다(공인중개사법 제32조 제1항, 제33조 제1항 제3호). 중개수수료의 경우 개별 지방자치단체에서 조례를 통해 법령상 한도 내 상한요율을 적용하고 있기도 합니다.

공인중개사는 부동산 거래 중개 과정에서 고의 또는 과실로 인해 거래 당사자에게 재산상의 손해를 발생시킨 경우 그 손해를 배상할 책임이 있습니다(공인중개사법 제30조 제1항).

개업공인중개사에게 업무 개시 전에 손해배상책임을 보장하기 위해 보증보험 또는 공제에 가입하거나 공탁을 의무화하고 있기도 합니다(공인중개사법 제30조 제5항). 이는 중개사가 손해배상책임을 지더라도 변제 능력이 없을 때 거래 당사자를 보호하기 위한 장치입니다. 그래서 중개사는 거래마다 '공제증서'라는 보증서를 당사자에게 제공합니다.

거래 당사자가 위 보증을 통해 손해배상을 받기 위해서는 중개사가 자신의 책임을 인정한 합의서나 법원의 판결 등의 사본을 첨부해 보증기관에 청구해야 합니다. 하지만 공제증서는 거래 사고 1건에 대한 한도가 아니라, 보증 기간 동안 가입 중개사의 모든 거래 건에 대한 배상 금액 전부에 대한 한도임을 유의해야 합니다.

덧붙여 공인중개사의 손해배상책임이 무한정 인정되지 않는 점도 주의해야 합니다. 우선 중개 사고로 인한 손해배상 소송에서 중개사의 고의·과실에 의한 책임은 피해를 입은 거래 당사자가 증명해야 하는데, 중개사 책임이 명백한 경우가 아닌 이상 쉬운 과정이 아닙니다.

개별 사건마다 사실관계가 다르다 보니 법원의 판단이 다르게 내려지고 있습니다. 설령 중개사의 손해배상책임이 인정된다고 해도, 대부분 사건에서 거래 당사자의 책임이 감안되어 과실 비율이 참작되고 있다는 점을 염두에 두어야 합니다.

3장

·

매도 성패를 가르는 매물 홍보 전략

부동산 가치를 효과적으로 전달하는 법

　부동산 거래에서 매물의 가치만큼이나 중요한 것은 그 가치를 어떻게 전달하느냐입니다. 같은 조건의 집이라도 어떻게 소개하느냐에 따라 매수자나 임차인의 반응은 전혀 달라집니다. 특히 온라인 중심의 부동산 시장에서는 '매물을 어떻게 보여주는가'가 거래 성사 여부를 결정짓는 요인이 되고 있습니다.

　매물 홍보에는 반드시 전략이 필요합니다. 많은 매도자는 중개사에게 매물을 맡기기만 하면 자연스럽게 문의가 들어올 것이라 기대하지만, 최근 시장은 그렇게 단순하지 않습니다. 요즘 매수자와 임차인들은 부동산 플랫폼과 앱을 통해 수십 개의 매물을 한눈에 비교하며 접근합니다. 이런 환경에서 매물의 첫인상, 즉 사진과 설명 문구,

정보 구성 방식이 관심을 끌 수 있는 핵심 포인트가 됩니다.

단순히 "남향, 84m², 수리 상태 양호" 같은 기본 정보만으로는 매물의 매력을 충분히 전달할 수 없습니다. 이제는 직접 보여줘야 하는 시대입니다. 사진 한 장이 신뢰를 만들고, 사진 한 장이 전략이 되는 시대입니다. 매물의 강점을 어떻게 시각적으로 전달하느냐에 따라 문의 수와 거래 성사율이 크게 달라질 수 있습니다

무엇보다 중요한 것은 사진

사진은 말보다 훨씬 빠르고 강력하게 정보를 전달하는 수단입니다. 특히 부동산 매물을 홍보할 때는 단순한 정보 제공을 넘어, 매수자의 구매 욕구를 자극하는 사진이 큰 역할을 합니다. 그중에서도 다음의 핵심 요소들을 시각적으로 정확하게 보여주는 것이 중요합니다.

첫째, 뷰(View)입니다. 탁 트인 조망, 공원 전망, 동 간 간격이 넓어 개방감이 느껴지는 구조 등은 글로 설명하는 것만으로는 한계가 있습니다. 이러한 요소는 사진으로 직접 보여주어야 매수자가 "내가 이 공간에서 살고 싶다"는 감정적 반응을 느끼고 몰입을 즉각적으로 끌어낼 수 있습니다.

둘째, 채광입니다. 햇빛이 잘 들어오는 시간대에 촬영된 거실과 침실 사진은 집의 따뜻함과 쾌적함을 강조하며, 공간 가치를 더욱 높여줍니다. 밝은 채광은 심리적으로도 긍정적인 이미지를 주어, 집에 대한 첫인상을 좋게 만듭니다.

셋째, 수리 상태입니다. 집의 리모델링 여부, 바닥과 도배 상태, 깔끔하게 정돈된 주방과 욕실 사진은 "이 집은 관리가 잘 된 집"이라는 인상을 자연스럽게 각인시킵니다. 특히 생활 공간이 깨끗하게 정리되어 있으면, 매수자가 별도의 수리 비용이나 추가 부담을 고민할 필요가 없다고 느끼게 되어 심리적 장벽이 크게 낮아집니다.

이처럼 핵심 요소를 담아낸 사진은 단순한 정보 전달 이상의 효과를 가져옵니다. 사진이 좋은 매물은 부동산 매물 홍보에도 사용되어 클릭률이 월등히 높아지고, 실제 문의로 이어질 가능성 또한 크게 높아집니다. 궁극적으로 사진 한 장이 매수자의 관심을 끌어내고, 실제 방문과 계약으로 이어지는 가장 강력한 첫 번째 접점이 된다는 점을 반드시 기억해야 합니다.

효과적인 매물 사진 촬영 요령

매물의 가치를 효과적으로 전달하기 위해서는 전략적으로 촬영하고 설명하는 기술이 필요합니다. 다음은 매물 사진을 최대한 매력적으로 보여주기 위한 기본 촬영 전략입니다.

첫째, 채광이 가장 밝은 시간대에 촬영하는 것이 원칙입니다. 집의 향에 따라 다르지만, 보통 오전 10시부터 오후 3시 사이가 햇빛이 가장 잘 들어오는 시간대입니다. 이 시간에 찍은 사진은 공간을 훨씬 밝고 쾌적하게 보여줍니다.

둘째, 창밖 조망을 살려 촬영합니다. 커튼을 활짝 열고 창문을 통해 보이는 조망을 함께 담으면, 개방감과 전망의 가치를 한눈에 전달할 수 있습니다.

셋째, 불필요한 물건을 최대한 정리해 공간을 넓고 깔끔하게 연출합니다. 정돈된 공간은 실제보다 더 넓어 보이고, 관리가 잘 된 집이라는 인상을 강하게 남깁니다.

넷째, 핵심 공간은 반드시 모두 촬영합니다. 거실, 주방, 안방, 욕실, 현관 등 주요 공간은 기본이며, 가능하다면 전체 구조를 한눈에 파악할 수 있도록 동선 중심의 사진을 추가하면 더욱 효과적입니다.

다섯째, 광각 렌즈를 활용합니다. 광각 렌즈가 있는 카메라나 스마트폰 앱을 활용하면 공간을 보다 넓고 시원하게 표현할 수 있습니다. 단, 왜곡이 심하지 않도록 주의가 필요합니다.

SOLD
매물 유형에 따른 사진 촬영 전략

매물의 상태와 특성에 따라 촬영 방식도 달라져야 합니다. 매물 유형에 맞는 촬영 전략을 적용하면, 사진 한 장만으로도 매수자에게 긍정적인 인상을 심어줄 수 있습니다.

첫째, 이사가 완료된 '빈집'의 경우입니다. 정돈된 상태 자체가 큰 장점이기 때문에, 이를 최대한 강조하는 방향으로 촬영을 진행해야 합니다. 바닥과 벽 상태를 중심으로 공간의 깨끗함과 넓이를 잘 보여주는 것이 핵심입니다. 특히 각 방과 거실, 주방 등이 어떻게 연결되어 있는지를 한눈에 파악할 수 있도록 동선이 드러나는 구도로 촬영하는 것이 좋습니다.

둘째, 현재 거주 중인 집이라면 생활감은 최대한 배제하면서도 정돈된 분위기를 연출하는 것이 중요합니다. 부분 조명이나 커튼을 활용해 따뜻하고 아늑한 느낌을 살리고, 공간 전체가 밝고 포근하게 보이도록 연출합니다. 이때 사진 속에 노출되기 쉬운 개인 물품(가족 사진, 속옷, 개인 문서, 세탁물 등)은 반드시 사전에 치워야 하며, 되도록이면 공간의 용도에 맞게 깔끔하게 정리된 상태에서 촬영하는 것이 좋습니다. 생활감보다는 '누구나 쉽게 입주할 수 있는 집'이라는 인상을 주는 것이 핵심입니다.

셋째, 아직 준공되지 않은 '분양권' 매물은 실물 촬영이 불가능하므로 간접적인 시각 자료를 적극적으로 활용해야 합니다. 모델하우스 내부 사진, 단지 조감도, 예상 조망 이미지, 평면도와 같은 자료는 필수적이며, 해당 매물이 어떤 생활 환경에 놓이게 될지를 보여주기 위해 역세권, 학교, 공원 등 주변 입지에 대한 실제 사진도 함께 제공하는 것이 좋습니다. 이런 보완 자료들이 함께 제시되면 매물에 대한 신뢰도가 높아지고, 매수자의 상상력을 자극해 매력도 역시 한층 강화됩니다.

이처럼 매물의 상태에 따라 맞춤형 촬영 전략을 수립하고 실행하는 것은, 매물을 더욱 돋보이게 만들고 실질적인 매수 문의로 연결될 가능성을 높여주는 중요한 과정입니다. 매물의 첫인상은 대부분 사진에서 결정되며, 이 첫인상을 어떻게 연출하느냐에 따라 거래의 성패가 달라질 수 있습니다.

사진 촬영은 전문 장비나 스튜디오가 꼭 필요한 것은 아닙니다. 하지만 작은 노력만으로도 매물의 인상은 크게 달라질 수 있습니다. 좋은 매물이라 하더라도 어떻게 보여주느냐에 따라 그 가치는 완전히 다르게 평가됩니다. 사진은 단순한 참고 자료가 아니라, 매물의 가치를 가장 직접적이고 설득력 있게 설명하는 도구입니다. 결국 매물을 잘 정리하고, 잘 촬영하고, 잘 설명하는 것, 이것이야말로 매도자이자 임대인이 반드시 갖춰야 할 핵심 기술입니다.

SOLD

설명 문구 작성 요령:
정보는 명확하게, 장점은 강조해서

사진과 함께 등록되는 매물 설명 문구는 매수자나 임차인이 처음으로 마주하는 '집의 목소리'와도 같습니다. 너무 짧고 무성의한 문구는 매물에 대한 신뢰도를 떨어뜨리고, 반대로 지나치게 장황하거나 감성에만 치우친 문구는 실질적인 정보를 찾는 소비자에게 오히려 부담이 될 수 있습니다. 따라서 설명 문구는 정보 전달과 감성적 매력을 동시에 담아야 하며, 이 균형을 잡는 것이 매우 중요합니다.

사진이 집의 외형과 첫인상을 전달한다면, 설명 문구는 '왜 이 집이어야 하는가'를 구체적으로 설득하는 도구입니다. 단순한 나열이 아니라, 매물의 강점이 한눈에 드러나도록 핵심 정보 중심으로 작성해야 합니다.

기본 구조는 다음과 같습니다.

부동산 매도 불변의 법칙

① 핵심 정보 제공

먼저 매물의 기본 정보[매물 위치, 면적, 거래 유형(매매/전세/월세), 층수, 가격 등]를 정확하게 전달합니다.

"도곡동 OO아파트 84㎡, 10층, 매매가 16억 5천만 원"

② 특장점 강조

구체적인 매물의 장점을 간결하게 표현합니다.

- 교통 접근성: "도보 5분 내 2호선 역세권"
- 교육 환경: "초등학교 도보 3분 거리, 명문 학군과 학원가 인접"
- 채광과 전망: "남향 거실, 탁 트인 공원 전망"
- 리모델링 여부: "전체 리모델링 완료, 즉시 입주 가능"

③ 추가 정보

마지막으로 추가 정보를 추가해 실거주 혹은 투자 가치에 대한 신뢰도를 높입니다.

"세대 분리형 구조로 2인 거주 및 임대 모두 적합합니다."

이런 내용을 바탕으로 작성해보자면 다음과 같습니다.

"남향으로 채광이 풍부한 10층 거실과 탁 트인 공원 전망이 매력적인 84㎡

아파트입니다. 최근 전체 리모델링 완료(도배, 장판, 주방 교체)로 바로 입주 가능하며, 초등학교와 대형마트가 도보 5분 이내 거리에 위치해 편리한 생활이 가능합니다. 조용한 단지 내 위치로 실거주 및 투자 모두에 적합한 매물입니다."

중개사에게도 홍보 전략을 요청해야 합니다. 많은 매도자가 중개사에게 단순히 매물 등록만 요청하는 실수를 합니다. 하지만 지금의 시장은 적극적인 홍보 없이는 경쟁이 어렵습니다.

"이 각도에서 조망이 잘 나오니 강조해주세요."
"수리 상태가 강점이니 문구에도 꼭 반영해주세요."

이처럼 구체적으로 요청해야 중개사도 매물의 장점을 제대로 부각시켜 등록할 수 있습니다. 매도자 스스로가 매물의 마케터가 되어야 하는 이유입니다. 매물을 잘 정리하고, 잘 찍고, 잘 설명하는 것. 이것이 바로 매도자이자 임대인이 갖춰야 할 또 하나의 기술입니다.

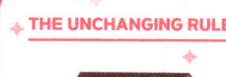

중개업소 브로드캐스팅,
여러 군데 알리자

앞에서 이야기한 대로 사실 매도자 입장에서는 중개업소는 한두 곳이 아닌, 여러 곳에 한꺼번에 알리는 일반 계약이 더 효과적입니다. 부동산 매물을 빠르고 원하는 조건에 맞게 거래하고 싶다면, 한두 군데 중개업소에만 의존하기보다는 여러 중개업소에 동시에 매물을 알리는 '브로드캐스팅 전략'을 세워봅시다. 매수자나 임차인은 어디서 올지 예측할 수 없습니다. 그러므로 매물 노출은 최대한 넓게, 효율적으로 이루어져야 합니다.

네이버 부동산 활용 방법

이를 위해서는 우선 네이버 부동산 등에서 중개업소를 추려야 합니다. 브로드캐스팅의 시작은 해당 단지에서 실제 활동 중인 중개업소를 찾는 것입니다. 이를 위해 가장 유용한 도구가 네이버 부동산입니다.

해당 단지명으로 검색합니다. 등록된 매물들을 확인하며, 매물 수가 많은 중개업소를 저장합니다. 일반적으로 매물이 가장 많은 중개업소는 해당 지역의 '에이스' 중개업소일 가능성이 높습니다. 매물마다 등록 중개업소의 전화번호를 확인하고, 휴대폰 주소록에 저장합니다. 여기까지가 브로드캐스팅 대상 리스트 구성의 1단계입니다.

그리고 중개업소와의 커뮤니케이션은 단지 내 중개업소를 중심으로 단체 문자 발송이 효과적입니다. 전화는 시간이 길고 반복이 불편하지만, 문자는 같은 내용으로 여러 곳에 동시에 단체 문자를 통해 전달이 가능합니다.

문자 브로드캐스팅 요령

단지 내 중개업소를 추려 단체 문자로 매물 정보를 발송합니다(많으면 많을수록 좋습니다). 단, 문자 내용은 간결하고 핵심만 담아야 합니다.

• 단체 문자 예시

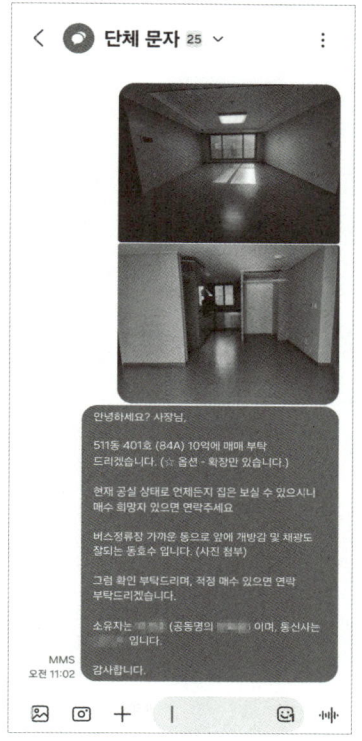

도곡동 OO 아파트 84m², 13층 남향 매도 예정(16억 5천 희망)

남향으로 채광이 풍부한 10층 거실과 탁 트인 공원 전망이 매력적인 84m²

아파트입니다. 최근 전체 리모델링 완료(도배, 장판, 주방 교체)로 바로 입주

가능하며, 초등학교와 대형마트가 도보 5분 이내 거리에 위치해 편리한 생

활이 가능합니다. 조용한 단지 내 위치로 실거주 및 투자 모두에 적합한 매

물입니다.

단체 문자 발송은 전화번호별로 그룹화해 일괄 전송하거나, 메시

지 앱을 활용해 수동으로 복사·전송할 수 있습니다. 사진, 핵심 매물 내용, 연락처, 이 3가지 정보만 정확히 전달되면 중개사는 바로 반응을 보입니다.

그리고 연락처 정리 방법도 전략입니다. 중개업소를 많이 접촉하다 보면 연락처 관리가 뒤엉키기 쉽습니다. 이를 방지하기 위해 연락처 저장 시 일관된 방식으로 관리하는 것이 중요합니다. 더욱이 매도할 물건이 여러 지역에 중복될 경우에는 혼선을 방지하기 위해 이와 같이 연락처를 관리하는 것이 중요합니다.

#[날짜][지역][단지명][순번]　　예: #250630_도곡_래미안도곡1차_01

특히 카카오톡으로 문자메세지와 다른 채널로 연락이 오는 것을 방지하기 위해서 연락처를 저장하는 이름 앞에 샵(#)을 붙이면 카카오톡 친구 추가가 안 된다는 사실도 활용하면 좋겠습니다.

또한 초기 매물 문의 대응은 카카오톡보다는 문자메시지를 사용하는 것이 더 효과적입니다. 카카오톡은 저장되지 않은 번호로 메시지를 보낼 경우 발신자 정보가 표시되지 않아 상대방이 누군지 파악하기 어렵고, 자칫 광고 메시지로 오해받을 수 있기 때문입니다. 연락처를 체계적으로 정리해두면 이후 가격 변경, 매물 상태 수정, 재홍보 등의 상황에서도 더욱 효율적으로 커뮤니케이션을 진행할 수 있습니다.

브로드캐스팅은 매도자가 주도적으로 움직이는 능동적인 전략입

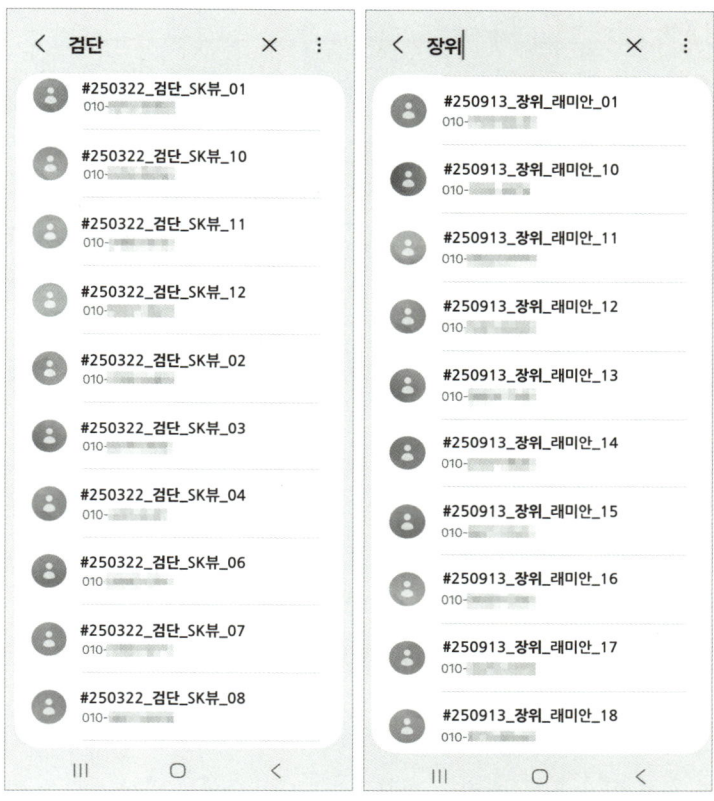

니다. 단순히 중개사에게 매물을 맡겨두고 기다리는 것보다, 직접 정보를 전달하고 매물을 적극적으로 확산시키는 매도자가 더 유리한 거래 조건을 이끌어낼 가능성이 높습니다. 이는 단순히 매물의 노출을 늘리는 데 그치지 않고, 여러 중개업소 사이에서 매도자의 존재감과 진정성을 강하게 각인시키는 효과를 가져옵니다. 중개사의 입장에서도 이렇게 적극적으로 소통하는 매도자에게는 신뢰가 생기고, 더 열심히 협력하고 싶다는 동기가 생기기 마련입니다.

THE UNCHANGING RULE

중개업소에서
연락이 오지 않는다면?

여러 중개업소에 문자로 매물을 알리고 나서도 아무런 반응이 오지 않을 때가 있습니다. 이런 상황은 매도자 입장에서 당황스럽고 답답할 수 있습니다. 하지만 이때 중요한 것은 막연히 '기다리지 말고, 왜 반응이 없는지를 분석하고 대응하는 것'입니다. 연락이 오지 않는다고 해서 내 매물의 가치가 없는 것은 아닙니다. 오히려 전달 방식, 매물 정보, 중개사와의 심리적 거리 등에서 원인이 있을 수 있습니다.

1. 매물 정보가 부족하거나 애매하지 않은가

중개업소는 하루에도 수십 개의 매물 정보를 받습니다. 이 중 명확하지 않은 조건, 애매한 설명, 특장점이 드러나지 않는 매물은 우선순위에서 밀릴 수 있습니다.

우선 가격이 주변 시세에 비해 지나치게 높게 설정되어 있지는 않은지 확인합니다. 또한 중개사에게 전달한 메시지 내용이 너무 짧거나, 단순한 표현만 나열되어 매물의 특장점이 드러나지 않은 것은 아닌지도 점검해볼 필요가 있습니다. 마지막으로 입주 가능일이나 협상 여건 등 희망 조건이 모호하게 전달되지 않았는지도 살펴봐야 합니다.

기존 메시지가 단순히 "○○아파트 84m² 매매, 17억 희망. 연락 바랍니다"라는 식이었다면, 이를 다음과 같이 구체화하는 것이 좋습니다.

"○○아파트 84m² / 남향 12층 조망 우수 세대 / 23년 리모델링(샷시, 화장실, 싱크대) / 17억 협상 여지 有 / 입주일 협의 가능. 중개사님 문의 주세요."

이처럼 매물의 장점을 간결하면서도 명확하게 강조하고, 조건을 구체화해 전달하면 중개사 입장에서도 매수자에게 설명하기 훨씬 쉬운 매물이 됩니다. 명확한 정보는 매물의 노출도와 응답률을 높이는 가장 기본적인 전략입니다.

2. 중개업소의 타이밍이 안 맞거나 사정이 있지 않은가

문자를 보낸 뒤 바로 응답이 없다고 해서, 해당 중개업소가 매물에 관심이 없다고 단정 지을 필요는 없습니다. 바쁜 시간대에 메시지를 확인하지 못했거나, 단순히 놓친 것일 수도 있기 때문입니다.

이럴 경우에는 발송 후 하루 정도가 지난 시점에, 첫 연락에 응답이 없던 중개업소에 간단한 리마인드 메시지를 한 번 더 보내는 것이 좋습니다. 예를 들어 "안녕하세요. 어제 ○○아파트 매물 관련해 문자 드렸습니다. 확인 가능하실지 회신 주시면 감사하겠습니다"와 같은 정중한 문구를 활용하면 부담을 줄이면서도 응답을 유도할 수 있습니다.

또한 주말이나 평일 오후와 같이 상대적으로 여유 있는 시간대를 활용해 메시지를 다시 발송하는 것도 좋은 방법입니다. 단편적으로 연락이 없다는 이유로 '무관심'으로 해석하기보다는, 여러 타이밍을 시도하며 반응을 끌어내려는 노력이 중요합니다.

만약 문자로도 답변이 오지 않는 경우에는 직접 전화를 걸어 확인해보는 것이 효과적입니다. 실제로 적극적으로 활동하는 중개업소일수록 전화 문의에는 즉시 응대하는 경우가 많습니다. 이때는 매물을 맡기고자 하는 의사가 있다는 점을 명확하게 전달해야 하며, 다음과 같은 대화 방식이 도움이 됩니다.

"○○아파트 매도 예정이라 문자 먼저 드렸는데, 매물 확인하셨는지요?"

"지금 매수자 수요가 있는지, 현재 조건에서 협조 가능하신지도 궁금합니다."

"같은 단지 매물을 여러 중개업소에 전달드렸고, 회신 주시는 곳 위주로 우선적으로 진행하려고 합니다."

이처럼 적극적인 의사 표현과 함께 '선택과 집중'의 기조를 전하면, 중개업소 입장에서도 긴장감을 가지고 더 적극적으로 반응하게 됩니다. 강조하지만, 매도자는 기다리는 사람이 아니라 거래를 이끄는 사람이라는 점을 인식해야 합니다.

3. 응답률이 낮다면 매물 조건 또는 전략을 점검하자

문자 발송 후 한 차례 리마인드 메시지를 보내고, 전화 연락까지 시도했음에도 대부분의 중개업소에서 응답이 없는 경우라면, 소통 문제를 넘어서 매물 조건이나 전략 자체에 문제가 있을 가능성도 고려해봐야 합니다.

우선 시세 대비 매도 희망 가격이 지나치게 높게 설정되어 있지는 않은지 점검해봐야 합니다. 가격이 시장 수준과 동떨어져 있다면, 중개업소에서도 매수자에게 추천하기 어렵기 때문에 적극적으로 대응하지 않을 수 있습니다. 또한 계약 조건이 지나치게 까다롭거나 현실성이 떨어진다면, 중개사의 입장에서는 협업의 우선순위에서 밀릴 수밖에 없습니다.

매물이 속한 단지나 지역의 공급 상황도 함께 고려해야 합니다. 예를 들어 동일 평형대의 매물이 과도하게 많이 나와 있는 경우, 경쟁력이 떨어지게 되고 매물의 차별점이 눈에 띄지 않는다면 시장의 관심을 끌기 어렵습니다. 반대로 특이성이 너무 강해 매수 수요층이 협소할 경우에도 중개사들은 매물 등록을 꺼릴 수 있습니다.

이러한 상황에서는 현재 설정한 조건을 다시 검토하고 필요하다면 매도 전략 자체를 수정하는 것이 필요합니다. 가격 조정은 물론이고, 매물 홍보 방식이나 설명 문구, 사진 구성 등 마케팅 방향을 새롭게 재설계해 중개업소와 매수자 양측 모두에게 매력적으로 다가갈 수 있는 접근 방안을 모색해야 합니다. 매도 전략은 고정된 것이 아니라 시장 반응에 따라 유연하게 조정되어야 한다는 점을 기억하세요.

4. 연락처 관리와 응답 여부도 중요하다

중개업소에 매물 정보를 발송한 후에는 각 업체의 응답 여부와 그 내용을 간단히 기억해두는 것이 좋습니다. 이 기록은 이후 가격을 조정하거나 매물을 재등록할 때, 어떤 중개업소와 다시 협업할지 결정하는 중요한 판단 기준이 됩니다.

이처럼 간단하게라도 응답 현황을 기억해두면, 매도자 스스로 매물 관리에 있어 더욱 주도적인 입장을 가질 수 있습니다. 연락처와 대응 이력을 명확히 파악하고 있으면, 매물 전략을 유연하게 조정할 수 있고, 필요시 중개업소에 다시 연락할 때도 훨씬 효율적으로 소통할 수 있습니다. 특히 매물이 장기간 노출되거나 가격 변동이 있는 경우, 과거 이력을 기반으로 맞춤형 대응이 가능하므로 매도 성공률도 높아집니다.

가격 조정 타이밍과 급매 전략, 그리고 중개사와의 협상 기술

매도자가 원하는 가격에 거래를 성사시키기 위해서는 단순히 매물을 올려두고 기다리는 것만으로는 부족합니다. 부동산 시장은 항상 움직이고 있으며, 매물의 반응에 따라 전략적인 가격 조정과 협상 스킬이 요구됩니다.

1. 가격 조정 타이밍은 '반응'이 알려준다

가격 조정의 타이밍은 시장의 '반응'이 알려줍니다. 매물을 시장에 내놓은 뒤 일정 기간이 지나도록 별다른 문의나 연락이 없다면, 이는 현재 제시된 가격이 시장 수요에 부합하지 않는다는 신호일 수 있습니다.

예를 들어 매물을 등록한 이후 중개사로부터 연락조차 오지 않는다면, 해당 매물에 대한 시장의 관심도가 낮다고 판단할 수 있습니다. 반대로 중개사와는 접촉이 있었지만, 매수자 문의가 없다는 피드백이 있다면 매물의 가격이나 조건이 시장 수요와 맞지 않을 가능성이 높습니다. 또한 동일 평형이나 같은 단지 내 다른 매물들과 비교했을 때 현저히 높은 가격이 책정되어 있다면, 매수자의 선택지에서 자동으로 배제될 가능성이 높아집니다.

이러한 경우에는 구체적인 대응이 필요합니다. 첫 번째로, 가격을 1차적으로 소폭 조정하는 것이 효과적입니다. 예를 들어 1천만 원에서 2천만 원 수준으로 가격을 낮춰 재등록하면 시장 반응이 달라질 수 있습니다. 두 번째로는 가격 조정 없이 문구나 사진 구성, 강조 포인트 등을 새롭게 다듬어 매물의 이미지를 개선해볼 수 있습니다. 매물의 특장점을 다시 부각시키고, 기존과 다른 관점에서 매수자의 관심을 끌어야 합니다. 마지막으로 '협상 여지 있음'과 같은 문구를 명시해 문의 유도를 유연하게 이끄는 것도 하나의 전략입니다. 이렇게 유도된 관심을 바탕으로 매도자가 직접 협상 주도권을 잡을 수 있도록 계획하는 것이 중요합니다.

2. 급매 전략은 필요할 때만, 명확한 기준을 가지고 사용하자

급매 전략은 시장에서 매우 강력한 카드가 될 수 있습니다. 그러나 이를 무분별하게 사용하면 가격만 떨어지고 실제 거래로 이어지지 않는 부작용이 생길 수 있습니다. 따라서 급매 전략은 명확한 목적과 제한된 기간, 그리고 분명한 하한선을 정한 뒤에 제한적으로 활용하는 것이 바람직합니다.

급매 전략은 다음과 같이 명확한 사유가 있는 경우 사용합니다. 예를 들어 잔금을 급히 마련해야 하는 상황이나, 다주택자의 양도소득세 비과세 요건을 맞추기 위한 매도 일정이 있을 때 급매 전략이 효과적일 수 있습니다. 또한 전세 만기일 도래, 상속세 납부 시한, 또는 이사 계획이나 다른 주택 매수와 일정이 겹치는 경우처럼 기한이 분명한 상황에서는 빠른 결정을 유도하기 위한 전략으로 급매가 유용하게 작용합니다.

실제로 급매를 실행할 때는 가격을 애매하게 낮추기보다 한 번에 명확하게 인하하고 '급매'라는 문구를 조건과 함께 공개적으로 제시하는 것이 효과적입니다. 예를 들어 "○○아파트 84m² / 기존 16억 5천 → 급매 16억 2천 / 조망 우수 / 즉시 입주 가능"과 같이 구체적인 조건을 보여주는 것이 매수자와 중개사 양측에 신뢰감을 줍니다. 동시에 중개사에게도 "이번 주 안에 매수자를 찾고 싶다"라는 의사를 분명히 전달하면, 단기 집중 노출을 유도할 수 있습니다.

3. 중개사와의 실전 협상은 이렇게 하자

매도자는 중개사와 협력하는 입장이지만 동시에 자신의 중요한 자산을 책임지고 관리해야 하는 주체이기도 합니다. 따라서 중개사와의 소통에서는 상대방의 입장을 존중하면서도, 자신의 요구와 입장을 분명히 전달하는 협상 기술이 반드시 필요합니다. 실제 협상 과정에서 효과적인 대화법은 다음과 같은 방식으로 이뤄질 수 있습니다.

먼저 원하는 가격은 확신 있게 제시하되, 필요할 경우 조율할 수 있다는 유연성도 함께 전달하는 것이 좋습니다. 예를 들어 "최근 실거래가가 16억 2천이지만, 저는 16억 5천 정도는 충분히 가치가 있다고 생각합니다. 다만 조건이 괜찮으면 조율의 여지는 있습니다"라고 말하면, 자신의 기준을 분명히 하면서도 협상의 문을 열어두는 인상을 줄 수 있습니다.

또한 중개사에게는 매도 의지가 확고하다는 신호를 주는 것도 중요합니다. "이번 주 안으로 매수자 상담이 몇 건이라도 있었으면 합니다. 적극적으로 밀어주신다면 우선권을 드릴게요"라는 표현은 협조를 요청하면서 동시에 거래 성사의 의지를 효과적으로 전달할 수 있는 방식입니다.

무엇보다 중요한 것은 중개사의 시각을 물어보고, 시장의 흐름에 대한 조언을 듣는 태도입니다. 예를 들어 "요즘 이 단지에서는 어떤 조건이면 매수자 반응이 있나요?" "지금 제 매물에서 걸리는 부분이 있을까요?"와 같이 묻는다면, 단순히 매물을 맡기는 것을 넘어 중개사와의 신뢰와 협력 관계를 더 깊이 형성할 수 있습니다. 이러한 대화는 중개사에게도 '이 매도자는 진지하다'는 인상을 주며, 매물 홍보와 거래 성사 가능성을 높이는 데 실질적인 도움이 됩니다.

4. 거래가 성사되었을 때 보상도 명확히

중개사에게 협조를 요청할 때는, 성사 시 보상에 대한 약속도 분명히 전달하는 것이 좋습니다. 예를 들어 "16억 이상에 빠르게 매수자를 연결해주신다면, 수수료는 최대한 정식 요율 기준으로 챙겨드

리겠습니다"와 같이 구체적인 기준과 보상을 함께 제시하면, 중개사 입장에서도 적극적으로 매물을 홍보하고 협상에 나설 동기를 부여받게 됩니다.

무엇보다 중개사는 매도자와 매수자를 연결해주는 거래의 관문입니다. 이들에게 정확한 정보와 명확한 기준을 제공하고, 설득력 있는 대화와 협조적인 태도를 유지하는 매도자는 중개사 입장에서도 신뢰할 수 있는 최우선 협업 대상이 됩니다.

부동산 거래는 결국 타이밍, 조건, 설득의 싸움입니다. 그 싸움에서 주도권을 쥐고 있는 사람만이 원하는 결과를 만들어낼 수 있습니다. 그리고 그 주도권은 정보와 전략, 그리고 매도자의 태도에서 시작됩니다.

3부

협상과 계약, 실제 매도의 과정

4장

매수자를 사로잡는 소통과 협상의 기술

매수자에게 보여주는 순간이 성공을 좌우한다

좋은 가격에 매매를 성사시키기 위해서는 단순히 매물을 부동산 플랫폼에 올려두고 기다리는 것만으로는 충분하지 않습니다. 실제로 매수자와 마주하는 '첫 대면', '첫인상', 그리고 '첫 설명'이 거래 성사 여부를 좌우하는 중요한 요소로 작용합니다.

특히 매수자가 실제로 집을 방문했을 때 받는 인상은 그들의 판단에 결정적인 영향을 미칩니다. 아무리 입지와 조건이 좋은 매물이라도, 내부 정리가 되어 있지 않거나 어수선한 분위기, 불쾌한 냄새가 나는 등 비호감 요소가 있으면 매수자는 '이 집은 뭔가 불편하다'는 부정적인 인상을 받을 수 있습니다. 이런 경우 매수자의 구매 의사는 쉽게 멀어질 수밖에 없습니다.

반대로 첫 방문 시 밝고 정돈된 공간, 쾌적한 실내 분위기, 깔끔하게 정리된 생활환경은 매수자에게 긍정적인 이미지를 심어주며 '이 집이라면 괜찮겠다'는 심리적 확신을 갖게 만듭니다. 그렇게 형성된 인상은 단순한 감정 차원을 넘어 실제 계약으로 이어지는 중요한 기반이 됩니다.

흔히들 "집은 그 집에 살 사람을 기다리고 있다"는 말을 합니다. 결국 매도자는 매수자가 '이 집이 내 집'이라는 느낌을 받을 수 있도록 최선을 다해야 합니다. 좋은 인상을 만들어내는 그 한순간이, 매매 성공의 시작이기 때문입니다.

집 내부 정리와 청소는 기본 중의 기본

매수자에게 긍정적인 첫인상을 남기기 위해 가장 기본이면서도 중요한 요소는 바로 집의 정리 상태와 청결도입니다. 특히 거실, 주방, 욕실, 안방 등 주요 생활 공간이 깔끔하고 정돈되어 있어야 공간이 더 넓고 쾌적하게 느껴집니다. 실제 면적보다 더 넓어 보이게 만들 수 있는 가장 효과적인 방법이기도 합니다.

실제로 집을 보여주기 전에는 불필요한 생활용품이나 장난감, 수건, 택배 박스 등은 미리 치워두는 것이 좋습니다. 세탁물, 음식물 쓰레기, 청소기와 같은 생활의 흔적도 눈에 띄지 않도록 정돈해야 합니다. 특히 욕실과 주방은 위생 상태가 집 전체의 인상을 결정짓는 공간이므로, 물때나 곰팡이, 냄새 등에 더욱 세심한 주의가 필요합니다.

집이 얼마나 잘 관리되어 있는지는 눈에 보이는 청소 상태만으로도 판단됩니다. 매수자가 집을 둘러보며 '이 집은 주인이 꼼꼼하게 관리했겠구나'라는 인상을 받게 되면, 그 느낌은 무의식중에 해당 집의 전체 가치를 더 높게 평가하게 만듭니다. 단순히 청소만 잘 되어 있어도 매매 협상에서 유리한 고지를 선점할 수 있다는 사실을 기억해야 합니다.

조명과 분위기로 밝게 연출하자

밝고 따뜻한 분위기는 매수자에게 쾌적함과 편안함, 그리고 안도감을 줍니다. 단순히 집이 청결한 것을 넘어서, 공간 전체가 환하고 안정적인 느낌을 주는 것이 매우 중요합니다. 특히 실내에 빛이 잘 들어오고 조명이 적절하게 배치되어 있으면, 매수자는 이 집에서의 삶이 긍정적일 것이라는 인상을 받게 됩니다.

이를 위해서는 매수자가 방문하기 직전에 모든 실내조명을 미리 켜두어, 공간 전체가 밝고 환하게 느껴지도록 연출하는 것이 좋습니다. 시간대 역시 중요합니다. 햇빛이 잘 드는 시간대인 오전 10시부터 오후 3시 사이에 일정을 조율하면 자연광을 가장 효과적으로 활용할 수 있습니다. 커튼이나 블라인드는 미리 열어두고, 거실과 방 안으로 자연광이 충분히 들어올 수 있도록 합니다.

실제로 '빛이 잘 드는 집'이라는 느낌은 평형이나 구조보다 더 강한 호감 요소가 됩니다. 집을 보는 순간 밝고 포근한 분위기를 느낀 매수자는, 그 감정만으로도 이 집에 대한 긍정적인 이미지를 갖게 됩니다. 이는 매매 의사결정에 있어 중요한 출발점이 됩니다.

감정적인 거부감을 일으킬 수 있는 냄새에 주의하자

집에 들어서는 순간 느껴지는 냄새는 매수자의 인상에 매우 큰 영향을 미칩니다. 반려동물의 체취, 음식 냄새, 눅눅한 곰팡이 냄새 등은 그 어떤 시각적 요소보다 강하게 기억에 남을 수 있으며, 심한 경우 매수자에게 감정적인 거부감을 일으킬 수도 있습니다. 특히 부정적인 냄새는 집 전체에 대한 평가를 부정적으로 끌어내기 때문에 반드시 사전 점검과 관리가 필요합니다.

이를 위해 매수자 방문 전에는 집 안의 모든 창문을 열어 충분히 환기시키는 것이 좋습니다. 고기나 생선처럼 냄새가 오래 남는 음식을 조리하는 것은 방문 당일에는 피하는 것이 안전합니다. 쾌적한 인상을 주기 위해 은은한 향이 나는 방향제나 디퓨저를 사용하는 것도 효과적입니다. 다만 향이 너무 강하면 오히려 인위적으로 느껴질 수 있으므로, 자연스럽고 부담 없는 향으로 조절하는 것이 중요합니다.

냄새는 눈에 보이지 않지만, 매수자의 감정에 직접적으로 작용하는 요소입니다. 따라서 '냄새 관리'는 집의 분위기와 가치를 높이는 기본적인 준비 중 하나입니다.

매수자에게 전달할 설명은 사전에 준비하자

집을 보여줄 때 모든 설명을 중개사에게만 전적으로 맡기기보다는, 매도자 스스로도 매물의 강점과 특징을 간결하게 소개할 수 있도록 준비해두는 것이 좋습니다. 특히 매수자가 직접 질문을 했을 때 자신감 있고 논리적으로 설명할 수 있다면, 매도자에 대한 신뢰는 물론 매물에 대한 호감도도 자연스럽게 높아집니다.

예를 들어 교통 접근성은 "지하철역까지 도보 7분 거리입니다" 또는 "집 바로 앞에 버스 정류장이 있습니다"처럼 구체적인 문구로 설명할 수 있어야 합니다. 교육 환경에 대해서는 "초등학교까지 도보 3분 거리이며, 근처에 학원가가 밀집해 있습니다"라는 표현이 적절합니다. 생활 인프라와 관련해서는 "대형마트, 병원, 공원 등이 가까워 생활 편의성이 뛰어납니다"라는 식으로 안내할 수 있어야 하고, 세대의 특장점은 "남향 고층 세대로 조망이 뛰어나며, 내부는 최근 리모델링을 완료했습니다"처럼 핵심을 짚어 말할 수 있어야 합니다.

또한 입주 가능 일정도 명확히 준비해두어야 합니다. 예를 들어 "빠른 입주가 가능합니다" 또는 "전세 만기가 ○월이라 해당 시점 이후 입주가 가능합니다"와 같이 일정 정보를 매수자가 이해하기 쉽게 전달하는 것이 좋습니다.

이처럼 주요 포인트를 미리 정리해두면, 실물 방문 시 매수자에게 보다 신뢰감 있고 명확한 정보를 제공할 수 있고, 이는 곧 매도 성공 가능성을 높이는 실질적인 힘이 됩니다.

집을 보여주는 순간은 단순한 견학이 아닙니다. 매물의 가치를 체험하는 무대입니다. 정리된 상태, 밝은 분위기, 쾌적한 냄새, 자신감 있는 설명. 이 4가지가 잘 갖춰진 매물은, 매수자의 마음속에 '이 집이구나'라는 확신을 심어줍니다. 첫인상이 바뀌면, 조건이 조금 높아도, 협상이 조금 어렵더라도 매수자는 그 집을 다시 떠올리게 됩니다. 좋은 집은 스스로 말하지 않습니다. 보여주는 사람이 제대로 보여줘야 가치가 드러납니다.

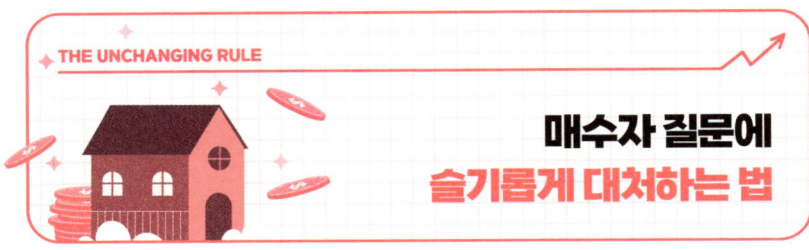

**매수자 질문에
슬기롭게 대처하는 법**

집을 보여줄 때 매수자는 단순히 외관만 보는 것이 아닙니다. 그들은 직접 거주할 공간에 대해 구체적인 질문을 던지고, 작은 정보 하나까지 판단의 근거로 삼습니다.

이때 매도자의 대응은 매물에 대한 신뢰도와 협상 분위기를 결정짓는 중요한 요소가 됩니다. 특히 집의 단점이나 협상 가능성, 입주조건 등에 대해 어떻게 말하느냐에 따라 거래 성사 여부가 달라집니다. 신뢰를 주면서도 전략적으로 말하는 능력이 매도자의 필수 역량입니다.

단점은 숨기기보다 인정하고, 대안을 제시하자

어떤 매물이라도 완벽할 수는 없습니다. 매수자 역시 이 사실을 알고 있기 때문에, 단점을 숨기기보다는 솔직하게 인정하는 태도가 오히려 신뢰를 높이는 데 도움이 됩니다. 다만 무턱대고 단점을 말하는 데서 그치지 말고, 반드시 그에 대한 보완책이나 대안을 함께 제시하는 것이 중요합니다.

예를 들어 벽면 상태가 조금 오래되었을 경우에는 "이쪽 벽면은 다소 낡았지만, 지난해 곰팡이 방지 도배를 새로 했습니다"라고 설명할 수 있습니다. 지하철역과의 거리가 멀다는 단점이 있다면 "지하철역에서는 거리가 있지만, 바로 앞에 마을버스 정류장이 있어 환승 접근성은 괜찮습니다"라고 안내할 수 있습니다. 욕실 수납 공간이 부족한 경우에는 "욕실에는 수납장이 부족하지만, 옆 공간에 붙박이장이나 선반을 설치할 수 있습니다"라는 식으로 설명하면 매수자의 우려를 줄일 수 있습니다.

이처럼 단점을 피하지 않고, '설명 가능한 약점'으로 전환하는 것이 핵심입니다. 더 나아가 매수자의 생활 패턴이나 우선순위를 미리 파악하고, 그에 맞는 보완 요소를 함께 제안한다면 훨씬 설득력 있는 설명이 될 수 있습니다. 이러한 방식은 매물에 대한 신뢰를 높이고, 실제 협상에서도 긍정적인 영향을 미치게 됩니다.

협상 여지는 사전에 설정하고 그 범위 내에서만 말하라

매수자들이 가장 자주 묻는 질문 중 하나는 "가격 협상이 가능한가요?"입니다. 이때 매도자가 준비 없이 "네, 조율은 됩니다"라고 답하면, 곧바로 협상의 주도권이 매수자에게 넘어가게 됩니다. 따라서 협상에 앞서 본인이 수용할 수 있는 가격 범위를 미리 설정하고, 그 안에서 유연하게 대응할 수 있도록 준비해두는 것이 중요합니다. 예를 들어 "희망가는 16억 5천만 원입니다. 다만 빠른 결정이 있다면 소폭 조정은 검토해보겠습니다"처럼 말하면, 협상의 여지를 주면서도 중심 가격대를 분명히 전달할 수 있습니다. 또는 "매수자님이 원하시는 16억까지는 고려하고 있지 않지만, 입주 일정이나 조건에 따라 협의할 수 있는 부분은 있습니다"라고 설명하면, 단순한 가격 인하 요구를 방지하면서 실질적인 협상 여지를 남겨두는 효과가 있습니다.

또한 "단순 가격 인하보다는 잔금 일정 조정이나 등기 시점 협의와 같은 조건을 맞춰드리는 방식으로 접근하고 있습니다"라고 말하면, 협상의 초점을 '가격'에서 '조건'으로 전환해 매도자 중심의 협상 구조를 유지할 수 있습니다.

이처럼 매도자는 협상의 주도권을 유지하기 위해, 단호하지만 유연한 태도로 명확한 기준선을 제시하고 그 안에서만 대화를 이어가는 전략이 필요합니다.

매수자의 상황을 파악해 협상의 주도권을 가져와라

매수자가 단순한 투자 목적인지, 실거주를 계획하고 있는지, 혹은 급하게 이사를 해야 하는 상황인지에 따라 협상의 핵심 포인트와 대화의 접근 방식은 달라져야 합니다. 이러한 정보를 얻기 위해서는 자연스럽고 부담스럽지 않게 상대방의 상황을 물어보는 것이 중요합니다.

예를 들어 "혹시 지금 살고 계신 집은 매매 중이신가요?" "이번 이사는 학군 문제나 직장 이동 때문에 계획하신 걸까요?" "전세 만기 일정이 있으신가요?"와 같은 질문은 상대의 입장을 파악하는 동시에, 매도자 입장에서 전략을 수립하는 데 유용한 단서가 됩니다.

상대가 급하게 입주해야 하는 상황이라면, "잔금을 빠르게 맞춰드릴 수 있다"는 조건만으로도 협상 주도권을 확보할 수 있습니다. 특히 매수자의 이사 목적이 자녀 교육과 관련된 경우가 많기 때문에, 자녀가 있는지 여부를 자연스럽게 확인한 뒤, 해당 주택에서 초등학교, 중학교, 고등학교까지의 거리나 학군, 인근 학원가 등에 대한 정보를 맞춤형으로 제시하는 것도 매우 효과적인 전략입니다.

결국 협상은 단순히 가격을 맞추는 과정이 아니라, 상대방의 필요와 상황을 이해하고 그에 맞는 가치를 설득력 있게 제시하는 과정입니다.

 THE UNCHANGING RULE

매수자와의 협상은
기술입니다

부동산 매매는 금액이 큰 거래입니다. 따라서 단순한 흥정이 아니라 전략적이고 세심한 협상 과정을 거쳐야 최적의 결과를 이끌어낼 수 있습니다. 특히 매수자와의 협상에서는 매도자가 처음부터 너무 단호하거나, 반대로 너무 물러서도 안 됩니다.

유연성과 원칙을 동시에 갖추고 협상에 임하는 자세가 중요합니다.

가격 조정의 여지를 제공해 매수자에게 성취감을 주자

대부분의 매수자는 협상 과정에서 자신이 유리한 조건을 이끌어냈다는 심리적 만족을 얻고 싶어합니다. 이때 매도자가 사전에 소폭의 조정 여지를 전략적으로 설정해두면, 실제로는 원하는 금액에 가

부동산 매도 불변의 법칙

까운 수준에서 계약을 성사시키면서도 매수자에게는 유리한 거래를 했다는 인식을 심어줄 수 있습니다.

예를 들어 매도 희망 가격을 다소 높게 설정한 후 협상 과정에서 '이 정도는 양보하겠다'는 유연한 태도를 보이는 방식이 효과적입니다. "희망가는 16억 5천인데, 빠른 결정이 있다면 16억 2천까지는 조정해볼 수 있습니다"처럼 표현하면, 매수자 입장에서는 자신이 일정 부분을 끌어냈다고 느끼게 됩니다.

단, 매수자가 요청하기 전에 먼저 협상 여지를 드러내는 것은 피하 편이 좋습니다. 매수자의 반응을 먼저 듣고, 그에 따라 전략적으로 대응하는 방식이 더 효과적입니다. 협상은 단순한 가격 조정이 아니라 심리적 균형을 조율하는 과정입니다. 매수자에게 '이긴 느낌'을 주면서도 매도자가 원하는 결과를 얻어내는 것이 가장 이상적인 협상입니다.

서두르지 말고, 매수자의 긴급함을 활용

부동산 협상에서 매도자가 여유 있는 태도를 유지하는 것은 가장 강력한 전략 중 하나입니다. 특히 매수자가 급하게 집을 구하고 있거나 특정 일정에 맞춰야 하는 상황이라면, 그 긴급함이 곧 협상력의 차이로 이어집니다. 이럴 때일수록 매도자는 조급함을 드러내지 않고, 상황을 유리하게 이끌 수 있습니다.

예를 들어 매수자의 사정이나 일정에 대해 미리 파악해둔 뒤 다음과 같은 방식으로 대응할 수 있습니다. "매수자분 일정이 빠듯하다고 들었습니다. 일정에 맞춰드릴 수 있는 조건이라면, 가격은 조정 없이 진행하고자 합니다."

이처럼 매도자는 '당장 거래하지 않아도 된다'는 여유 있는 태도를 보이면서도, '조건만 맞는다면 바로 계약할 수 있다'는 자신감을 함께 전달해야 합니다. 협상에서는 항상 급한 쪽이 약해지기 마련입니다. 따라서 매수자의 상황을 명확히 파악한 뒤, 매도자는 느긋하고 단호하게 대응하는 것이 협상의 주도권을 쥐는 핵심 전략입니다.

계약금과 잔금 조건을 융통성 있게 조율하자

모든 매수자가 동일한 자금 여건을 가지고 있는 것은 아닙니다. 어떤 매수자는 계약금은 충분히 마련되어 있지만 잔금 지급 시점을 늦추고자 하기도 하고, 반대로 계약금 비중을 높이더라도 빠르게 잔금 치르기를 원하는 경우도 있습니다. 이러한 상황에서 매도자가 일정 부분 조건을 조율해줄 수 있다면, 가격을 고수하면서도 협상력 있는 태도를 보일 수 있습니다.

예를 들어 계약금 비율은 일반적으로 매매가의 10% 수준이지만, 상황에 따라 조정의 여지를 열어두는 것이 좋습니다. "계약금은 상황에 따라 5천만 원 이상만 확보해주신다면, 나머지는 일정에 맞춰드릴 수 있습니다."

잔금 일정 역시 매도자의 이사 계획이나 자금 계획과 크게 충돌하지 않는다면 유연하게 대응하는 것이 바람직합니다. 때로는 "가격 조정은 어렵지만, 잔금 일정은 매수자 사정에 맞춰드릴 수 있습니다"라는 말 한마디로도 협상 분위기를 부드럽게 이끌 수 있습니다.

협상에서는 준비된 매도자가 주도권을 가집니다. 거래 조건을 전략적으로 조정하고 이끌 수 있는 매도자야말로 가장 좋은 조건으로 계약을 성사시킬 수 있습니다.

5장

·

반드시 확인해야 할 계약 검토 사항

계약 전 필수 단계:
권리관계의 확인

SOLD

권리관계 확인의 첫 단추:
부동산 등기부 확인

부동산 매도를 진행하며 대상 부동산의 권리관계를 확인해두는 것은 '내 물건의 상태를 알고 팔기' 위한 첫 단계입니다. '이 땅이나 건물에 누가 어떠한 권리를 가지고 있는지', '이 부동산에 대해 어떤 사람들이 이해관계를 가지고 있는지'에 대해 확인하는 과정이라고 생각하면 됩니다.

부동산과 관련해 소유권, 지상권, 전세권, 저당권과 같은 물권부터 임차권, 질권과 같은 채권까지 등 다양한 권리가 얽혀 있을 수 있습니다. 이러한 권리들은 실물 부동산 외양으로 드러나지 않다 보니 이를 확인하기 위한 제도가 마련되었습니다. 바로 '등기 제도'입니다.

등기는 부동산에 어떤 권리관계가 있는지 공시, 즉 알리기 위해 마련된 제도입니다. 제도 취지상 부동산 등기부는 소유자나 관련인이 아니어도 누구나 확인할 수 있습니다. 엄밀히 말하면 등기는 부동산에 관한 물권을 공시하는 제도이지만, 정책 필요에 따라 임차권과 같은 채권도 등기가 이루어져 공시되고 있습니다.

물권이니 채권이니 법률상 개념을 담은 친숙하지 않은 단어가 갑자기 등장해서 어려워 보일 수 있습니다. 하지만 이러한 법률상 개념을 구분해 알고 있는 것보다 부동산 거래에 있어 당장 중요한 것은 부동산 등기부와 친숙해지는 것입니다.

부동산 등기부는 대상 부동산의 종류에 따라 크게 3가지로 구분됩니다. 바로 토지등기부, 건물등기부, 그리고 집합건물등기부입니다. 토지등기부는 한 필지의 토지에 대한 권리관계를, 건물등기부는 토지 위에 독립된 건물 한 채에 대한 권리관계를 각각 공시하므로 단독주택 같은 건물의 경우 토지와 건물 등기부가 별도로 존재합니다.

반면 아파트, 연립주택, 오피스텔과 같은, 이른바 '집합건물'은 세대별 소유권(전유부분)과 토지에 대한 권리(대지권)를 하나의 등기기록으로 통합해 관리하는 집합건물등기부를 사용함으로써 권리관계를 등기부 하나만으로 파악할 수 있습니다.

부동산 소유자는 부동산을 매수해 소유권을 취득할 때나, 담보대출을 실행하기 위해 근저당권을 설정할 때, 임차인과 임대차계약을 체결할 때마다 등기부를 확인하기 마련입니다. '나름 등기를 쳐본 사람'인데 부동산 등기부가 어떤 건지 모를 수 있을까 싶지만, 부동산 등기부에는 여러 권리관계를 나타내기 위해 집약적인 표시나 법률 용어들이 가득합니다. 그렇기에 등기사항증명서를 봐도 바로 권리관계를 파악하는 것은 생각보다 쉽지 않습니다. 부동산 경매나 공매 강의 과정에서 '권리관계 분석'이 괜히 비중 있게 다뤄지는 것이 아닙니다.

부동산 등기부는 법원에 의해 관리되고 있습니다. 부동산 등기부를 확인하는 방법은 가까운 등기소나 무인발급기를 찾아 '등기사항증명서'를 발급받으면 되는데, 근래는 인터넷등기소 웹사이트 혹은 휴대전화 애플리케이션을 통해서도 간편하게 발급받을 수 있어 자주 이용됩니다.

부동산 등기사항전부증명서의 구성

흔히 등기부등본이라 불리는, '부동산 등기사항전부증명서'는 크게 세 부분으로 구성됩니다. 부동산 소재지와 현황을 표시하는 '표제부', 소유권과 관련한 권리관계를 표시하는 '갑구', 소유권 이외의 권리관계를 표시하는 '을구'입니다.

'표제부'는 부동산의 주소, 종류, 면적, 구조, 층수 등 물리적인 현황을 담고 있습니다. 어떤 부동산인지 나타내주는 등기부상 가장 기본이 되는 부분입니다. 주의해야 할 점은, 건축물의 물리적 현황을 나타내주는 다른 공적 장부인 건축물대장과 등기부 표제부 정보가 다

[집합건물] 경기도 용인시 수지구 신봉동 1025 힐스테이트광교산 ▨▨▨ ▨▨▨ ▨▨▨▨

【 표 제 부 】	(1동의 건물의 표시)			
표시번호	접 수	소재지번,건물명칭 및 번호	건 물 내 역	등기원인 및 기타사항
2	2022년7월6일	경기도 용인시 수지구 신봉동 1025 힐스테이트광교산 제108동 [도로명주소] 경기도 용인시 수지구 신봉2로 154	철근콘크리트구조 (철근)콘크리트지붕 23층 공동주택(아파트) 1층 644.9173㎡ 2층 618.0932㎡ 3층 618.0932㎡ 4층 618.0932㎡ 5층 618.0932㎡ 6층 618.0932㎡ 7층 618.0932㎡ 8층 618.0932㎡ 9층 618.0932㎡ 10층 618.0932㎡ 11층 618.0932㎡ 12층 618.0932㎡ 13층 618.0932㎡ 14층 618.0932㎡ 15층 618.0932㎡ 16층 618.0932㎡ 17층 618.0932㎡ 18층 417.0782㎡ 19층 417.0782㎡ 20층 417.0782㎡ 21층 417.0782㎡ 22층 417.0782㎡ 23층 417.0782㎡	토지개발사업 완료에 의한 지번변경

(대지권의 목적인 토지의 표시)				
표시번호	소 재 지 번	지 목	면 적	등기원인 및 기타사항
1	1. 경기도 용인시 수지구 신봉동 1025	대	31442.6㎡	2022년7월6일 등기

[집합건물] 경기도 용인시 수지구 신봉동 1025 힐스테이트광교산 ▨▨▨ ▨▨▨ ▨▨▨▨

【 표 제 부 】	(전유부분의 건물의 표시)			
표시번호	접 수	건 물 번 호	건 물 내 역	등기원인 및 기타사항
1	2022년6월27일	▨▨▨ ▨▨▨	철근콘크리트구조 84.9663㎡	

(대지권의 표시)			
표시번호	대지권종류	대지권비율	등기원인 및 기타사항
1	1 소유권대지권	31442.6분의 44.4146	2022년7월6일 대지권 2022년7월6일 등기
2			별도등기 있음 1토지(갑구 18번 신탁 등기) 2022년7월6일 등기
3			2번 별도등기 말소 2022년10월19일 등기

를 경우 '건축물대장이 우선한다'는 점입니다. 따라서 등기부뿐만 아니라 건축물대장을 함께 확인해두는 편이 좋습니다.

'갑구'는 '누가 소유하고 있는지' 및 '소유권에 관련된 정보는 어떠한지', 즉 소유권에 관련한 정보를 담고 있습니다. 소유자가 누구인지, 소유권이 언제 어떤 사유로 이전되었는지, 소유권에 관련된 제한된 사항은 없는지를 나타내주는 부분입니다.

'을구'는 소유권 이외의 권리관계에 대한 권리관계에 대한 정보를 담고 있습니다. 저당권, 근저당권, 전세권, 지상권, 지역권 등 소유자가 아닌 다른 사람들이 대상 부동산에 대한 권리를 가지고 있는 내용을 표시합니다.

부동산을 매도하는 입장에서는 부동산의 등기부에 기존에 모르고 있던 내용이 있느냐만 살피면 됩니다. 다시 말하면, 모르는 내용이 등기부에 있는 경우에는 매도에 문제가 발생한 것이므로 좋지 않은 상황이라 할 수 있습니다.

이는 등기부상 위치를 불문합니다. 소유자가 모르던 내용이 갑구에 있다면, 엉뚱한 사람에게 소유권이 이전되어 있거나 가압류나 가처분 또는 경매개시결정이 있는 경우일 것이고, 을구에 있다면 모르던 근저당권이나 전세권 혹은 주택임차권이 있는 경우이기 때문입니다. 소유자가 모르는 내용이 등기부에 있을 수 있나 싶지만, 1장에서 거래를 진행하다가 가압류 등기로 무산되었던 사례처럼 실제로 발행하는 위험임을 떠올려, 매도 계획 시 권리관계는 자주 확인해둘 필요가 있습니다.

• **등기부 갑구**

【 갑 구 】	(소유권에 관한 사항)			
순위번호	등 기 목 적	접 수	등 기 원 인	권리자 및 기타사항
1	소유권보존	2022년6월27일 ▓▓▓▓		소유자 교보자산신탁주식회사 110111-1617434 서울특별시 서초구 강남대로 465(서초동,강남교보타워)
	신탁			신탁원부 ▓▓▓▓
1-1	금지사항등기			이 주택은 부동산등기법에 따라 소유권보존등기를 마친 주택으로서 입주예정자의 동의 없이는 양도하거나 제한물권을 설정하거나 압류, 가압류, 가처분 등 소유권에 제한을 가하는 일체의 행위를 할 수 없음 2022년6월27일 부기
2	소유권이전	2022년10월19일 ▓▓▓	2019년7월30일 매매	소유자 ▓▓▓▓▓▓▓ 거래가액 금584,600,000원
	1번신탁등기말소		신탁재산의 처분	
2-1	2번등기명의인표시 변경	2023년6월13일 ▓▓▓▓	2022년10월20일 주소변경	▓▓▓의 주소 ▓▓▓ ▓▓▓ ▓▓▓ ▓▓▓▓

• **등기부 을구**

【 을 구 】	(소유권 이외의 권리에 관한 사항)			
순위번호	등 기 목 적	접 수	등 기 원 인	권리자 및 기타사항
9	근저당권설정	2025년3월17일 ▓▓▓▓	2025년3월17일 설정계약	채권최고액 금997,500,000원 채무자 ▓▓▓ 근저당권자 ▓▓▓▓▓

순위번호	등 기 목 적	접 수	등 기 원 인	권리자 및 기타사항
				▓▓▓▓▓
9-1	9번근저당권이전	2025년6월20일 ▓▓▓▓	2025년6월20일 확정채권양도	근저당권자 ▓▓▓▓▓
9-2	9번근저당권부채권 근질권설정	2025년6월20일 ▓▓▓▓	2025년6월20일 설정계약	채권최고액 금997,500,000원 채무자 ▓▓▓ 채권자 ▓▓▓▓▓

부동산 매도 불변의 법칙

임차인 있는 부동산을 매도할 때 주의점

SOLD

매도 과정에서도 알아두어야 하는
「주택임대차보호법」

실거주 중이었던 부동산이 아닌 이상, 대부분 부동산 매도는 임대차가 진행 중인 상태 혹은 임대차기간 만료를 앞둔 시점에 맞춰 이루어집니다. 이는 부동산 매매 거래를 진행할 때 매수인과 매도인 외 부동산에 거주 중인 임차인이 이해관계인으로 존재한다는 뜻입니다.

「주택임대차보호법」은 국민 주거생활의 안정을 보장한다는 목적으로 1981년 제정되어 임대차 관계상 임차인을 강하게 보호하고 있고, 같은 방향으로 지속적인 개정이 이루어져 왔습니다. 2020년에는 이른바 '임대차 3법'이라 불리는 계약갱신청구권 부여 및 전월세상한제 적용 등을 내용으로 두는 주요 개정이 있었습니다. 「주택임대차보호법」은 「민법」의 특별법의 역할과 동시에 국민 주요 생활인 주거와 관련된 법령으로 친숙한 법률로 자리하고 있습니다.

「주택임대차보호법」에 따른 임차인 보호가 상식처럼 여겨지고 있으나, 실제 사안에 법률을 적용하는 데 한계가 있습니다. 또 정책 목적이 우선해 급작스럽게 시행되다 보니, 임대차와 관련해 잘못된 정보가 만연한 것도 사실입니다.

그중 하나가 바로 '임차인이 있는 부동산을 매도하려면 임차인의 동의가 필요하다'는 정보입니다. 결론부터 말하면 '법률상 임차인의 동의 없이도 부동산은 매도할 수 있다. 다만 임대차계약상 알려야 하는 조항이 있다면 알려야 하고, 계약상 조항이 없더라도 임차인과의 분쟁이 발생할 수 있으므로 사전에 알릴 필요는 있다'입니다. 이에 대해서는 뒤에서 자세히 살펴보겠습니다.

「주택임대차보호법」에 따라, 임차인은 주택을 인도받고 주민등록(전입신고)을 마치면 임대차계약에 대해 다음 날부터 임대인뿐만 아니라 제3자에 대해서도 효력을 주장할 수 있습니다(제3조 제1항). 당연한 이야기처럼 보이지만 그렇지 않습니다.

계약은 '당사자 간에 합의로 이루어지므로 계약관계 외 다른 사람에 대해서 그 효력을 주장할 수는 없는 것'이 원칙입니다. 즉, 계약과 상관없는 제3자에 대해서도 임차인의 권리를 주장할 수 있도록 한 것은 법제상 매우 특수한 경우에 해당합니다.

　　　　　　　　　　　　　　　　　　　부동산 매도 불변의 법칙

나아가 「주택임대차보호법」은 주택을 양수한 사람은 임대인의 지위를 당연히 승계한 것으로 봅니다(제3조 제4항). 이로 인해 임차인은 설령 부동산이 매각된다고 해도 별도 조치 없이 임대인 지위를 승계한 새로운 소유자에 대해 기존 임대차계약상 권리를 그대로 주장할 수 있습니다. 임대차기간, 보증금, 임차료 등의 조건을 동일하게 유지해 임대차를 지속할 수 있는 것입니다.

대법원은 일관되게 「주택임대차보호법」에 따라 임대차계약상의 권리·의무 일체를 승계한 주택의 양수인(매수인)은 임차인에 대해 보증금을 반환해주어야 하는 채무를 인수하고, 양도인(매도인)은 임대차관계에서 탈퇴해 임차인에 대한 보증금 반환채무를 지지 않게 된다고 판단해왔습니다(대법원 1987. 3. 10. 선고 86다카1114 판결, 대법원 2013. 1. 17. 선고 2011다49523 전원합의체 판결 등 참조).

이러한 법리 속에 임차인으로부터 수령한 보증금을 뺀 매매대금만 매도인과 매수인 사이에 주고받고, 임대차 종료 후 매수인이 임차인에게 보증금을 반환하는 '전세를 안고 매매'하는 형태의 거래가 이루어져 왔던 것입니다.

부동산을 매도함에 따라 보증금 반환채무를 지지 않는 입장에서 임대인인 매도인은 그 과정에서 임차인에게 알리거나 동의를 얻어야 하지 않을까 싶고, 임차인을 보호하는 강력한 법률이 있다 보니 당연히 그래야 할 것 같지만, 법률상 임대인이 임차인에게 매도 사실을 알리거나 동의를 얻어야 하는 의무는 없습니다.

다만 '임대차계약상 매도 사실을 알려야 하는 의무를 부여한 경우'에는 법률상 의무가 없더라도 계약상 의무에 따라 그 내용에 맞춰 알려야 합니다. 임차인 입장에서 매수인, 즉 새로운 임대인에 대한 불안을 가지는 점 때문에 위와 같은 내용을 특약으로 자주 요구해 설정되고 있습니다. 2023년 1월부터 공인중개사협회는 '임대인은 주택의 매매계약을 체결하는 경우에는 사전에 임차인에게 고지해야 한다'가 포함된 범용 임대차계약서를 배포해 현장에서의 사용을 권장하고 있기도 합니다.

설령 계약상 의무 조항이 없는 경우라 할지라도, '임대차계약만 체결하고 잔금을 받지 않은 상태에서 매도가 진행 중'이라면 임대인은 임차인에게 매수인과 새로운 임대차계약을 체결하거나 3자 간 승계합의서를 작성하는 등 조치가 필요함을 알려야 합니다. 임대차가 시작되기 전 상황이면 임차인은 대항력을 갖추지 못한 상태이기 때문에, 위 상황을 알리지 않고 매매계약을 진행할 경우 임차인에게 민·형사상 책임을 져야 할 수 있습니다.

SOLD

임차인에게 사전에 매도 사실을 알리고
협조를 얻어두어야 하는 이유

계약상 임차인에게 매도 사실을 알려야 하는 의무가 없는 경우라 할지라도, 임대인은 매매계약 진행 시 기계적으로 임차인에게 사전에 알리길 권합니다. 대법원 판례를 통해 확립된 '임차인의 이의제기권' 때문입니다.

대법원은 임차인이 주택 양수인(매수인)에 의한 임대인의 지위승계를 원하지 않는 경우, 임차인의 보호를 위한 「주택임대차보호법」 취지에 따라 "주택의 양도사실을 안 때로부터 상당한 기간 내에 임차인이 이의를 제기하면 임대차관계의 구속에서 벗어날 수 있고, 이 경우에는 기존 임대인은 보증금 반환채무가 유지된다"고 판단해왔습니다(대법원 2022. 9. 4. 선고 2001다64615 판결, 대법원 2021. 11. 11. 선고 2021다251929 판결 등). 즉, 임차인이 주택 매매로 소유자 및 임대인이 바뀌었음을 알았을 때 적정 기한 내 이의를 제기해 임대인 승계를 거부하고 계약의 해지 및 기존 임대인에게 보증금 반환을 요구할 수 있는 것입니다.

기존 임대인이었던 매도자 입장에서는 임차인에 대한 보증금 공제를 마친 매매대금만 수령해 소유권 이전까지 마쳐두었을 수 있는데, 임차인의 보증금 반환청구를 거부할 수 없으니 매우 곤란한 상황에 처할 수도 있음을 뜻합니다. 매수인이 순리대로 임차인에 대한 보증금 반환채무를 이행해주면 걱정할 게 없으나, 그러한 협조가 이루어지지 않을 시에는 매도인이 보증금 반환을 해주고 매수인에게 구상하는 번거로운 법적 분쟁을 각오해야 합니다.

매도인은 불필요한 법적 분쟁에 휩싸이지 않고 예측 가능한 거래 진행을 위해 매도 진행 사실을 임차인에게 미리 알리고, 매수인과의 매매계약 체결이 이루어질 무렵에 임차인에게 소유권 이전 일정 등을 포함해 알려 '이의 없음'을 확인해두어야 합니다. 매도 과정에서 임차인으로부터 이의 없음을 확인하는 확약서를 받아두는 것이 가장 좋지만 임차인의 비협조 등으로 어려울 수 있습니다. 이때는 메시지를 통해 이의 여부를 묻고 확인 회신을 받아두거나 전화 통화 녹취를 남겨두어 혹시 모를 분쟁을 대비해두는 것이 좋습니다.

만약 임대차계약 체결 시점에 이미 머지않아 매도를 계획하고 있다면 공인중개사에게 전달해 "매도를 예정하고 있으며 임차인이 이에 협조한다는 취지의 특약을 기재해달라"고 요청해 사전 고지를 해두는 것도 도움이 될 것입니다.

주택임대차 시장은 2022년 하반기부터 이른바 '빌라왕 사태' 등 전세사기 문제가 사회적 문제로 대두되었고, 비단 전세사기에 해당하는 경우가 아님에도 불구하고 시세 변동 등 후발적 사유로 인해 임대차기간 만료 후 임차인이 제때 보증금을 반환하지 못하면 법적 분쟁으로 격화되는 예민한 상황이 수년째 이어지고 있습니다.

이런 현황을 반영해서라도 주택 매매를 통해 임대차관계에서 탈퇴하고 보증금 반환채무에서 벗어나는 매도인은 매도 이후 어떤 문제가 불거질지 모른다는 상황을 가정해 보수적으로 판단하고 대비해두는 것이 최선입니다.

임차인이 계약갱신청구권을 행사해
매도 계획에 차질을 빚는 경우

임대차를 승계하는 매매에서 발생할 수 있는 임차인과의 분쟁을 피하거나, 매수인이 직접 거주하려는 경우에는 기존 임차인의 계약이 끝나는 시점에 맞춰 집을 매도하는 사례가 적지 않습니다.

간혹 주택 매도를 사유로 임대차계약을 종료시킬 수 있을지 기대하는 사람이 있는데, 앞서 확인한 것처럼 「주택임대차보호법」은 대항력을 갖춘 임차인을 보호하기 때문에 임차인과 달리 임대인이 계약을 종료시킬 권한은 없습니다.

문제는 2020년 12월부로 시행된 개정 「주택임대차보호법」에 따라, 임차인이 임대차기간 종료 6개월 전부터 2개월 전까지의 기간에 임대인에게 계약갱신을 요구할 경우 임대인은 정당한 사유 없이 이를 거절하지 못하는 '계약갱신청구권' 제도가 도입되어 있다는 점입니다(제6조의3).

임차인의 계약갱신청구권은 기간 중 1회에 한해 행사할 수 있고, 기존 임대차계약과 동일한 조건으로 2년의 기간 갱신 이루어집니다. 임대인이나 임차인은 임대차와 관련한 여러 사정의 변동을 사유로 들어 보증금 및 임차료의 증감을 요구할 수 있으나, '증액의 경우 5%의 한도'가 적용됩니다(제7조).

더욱이 주의해야 하는 점은, 위 임차인의 계약갱신청구권은 임대차기간 종료 6개월 전부터 2개월 전까지의 기간에 임대인이 임차인에게 갱신 거절이나 계약 조건의 변경의 통지를 하지 않은 경우 혹은 임차인이 임대인에게 종료 의사를 통지하지 않은 경우에 이루어지는 '묵시적 갱신'과 별도로 1회 기회로 임차인에게 부여된다는 것입니다. 정리하면 '묵시적 갱신'은 묵시적 갱신대로, '계약갱신청구권'은 계약갱신청구권대로 따로 적용됨을 알고 있어야 합니다.

예를 들어 2024년 1월 1일에 2년의 임대차계약을 체결했고, 임대인과 임차인이 2025년 12월 31일 '만기 2개월 전'인 2025년 10월 31일 24시까지 상호 어떠한 의사표시도 없이 지났다면 '묵시적 갱신'

• 최초 2년으로 계약이 체결된 임대차기간이 6년까지 연장된 예시

> **묵시적 갱신에 의한 연장**
> 전 임대차와 동일 조건 임대차, 계약기간 2년 보장
> 계약기간: 2026.01.01~2027.12.31
> * 주의: 임차인은 2년 제한 없이 언제든 계약해지 가능
> → 임차인 계약해지 시, 3개월 뒤 해지 효력 발생

─── 2024 ─────────── 2025 ─────────── 2026 ───

> **최초 계약**
> 계약기간: 2024.01.01~2025.12.31
> * 계약서상 계약기간 임대인, 임차인
> 모두 준수해야 함

> 2025.07.01~2025.10.31
> (계약 종료 6개월 전~2개월 전)
> 임대인-임차인 상호 의사 표시 없이
> 기간 도과할 경우

에 따라 임대차계약이 2년 연장됩니다. 이후 다시 갱신된 기간(2년)의 만기인 2027년 12월 31일의 '6개월 전'인 2027년 7월 1일부터 '2개월 전'인 2027년 10월 31일까지 기간 사이에 이르렀을 때, 임대인은 계약 종료의 의사표시를 했으나 임차인이 계약갱신청구권을 행사한다면, 임대인에게 법이 보장하는 정당한 거절 사유가 없다면 다시 2년의 계약이 연장되어 갱신될 수 있는 것입니다.

포인트는 '임차인은 임대차계약 중 언제든 2년 기간으로 1회에 한해 연장권을 행사할 수 있고 임대인은 이를 거절하기 쉽지 않다'입니다. 이를 꼭 새겨야 합니다.

기존 임대차기간에 맞춰 임대차를 종료시키고 매도를 계획했던 임대인 입장에서 위와 같은 임차인의 계약갱신청구권 행사를 감안하지 않을 경우, 까딱 잘못하면 2년 동안 임대차 없는 상태의 매도는 실

부동산 매도 불변의 법칙

2027 ——————————— 2028 ——————————— 2029 ——————→

2027.07.01~2027.10.31
(계약 종료 6개월 전~2개월 전)
임대인은 계약 종료 의사 표시했으나 임차인이
'계약갱신청구권' 행사 → 임대인에게 갱신
거절 사유가 없다면 1회 한해 연장

2029.07.01~2029.10.31
(계약 종료 6개월 전~2개월 전)
임대인이 계약 종료 의사를 표시한 경우
→ 2029.12.31 임대차 종료
(2024.01.01 임대차 개시 후
총 6년 기간 경과 후 종료)

행될 수 없는 부담을 겪게 됩니다.

「주택임대차보호법」은 임대인에게 임차인의 계약갱신청구권을 거절할 수 있는 정당한 사유를 아래와 같이 열거해 규정하고 있습니다(제6조의3 제1항).

1. 임차인이 2기의 차임액에 해당하는 금액에 이르도록 차임을 연체한 사실이 있는 경우

2. 임차인이 거짓이나 그 밖의 부정한 방법으로 임차한 경우

3. 서로 합의해 임대인이 임차인에게 상당한 보상을 제공한 경우

4. 임차인이 임대인의 동의 없이 목적 주택의 전부 또는 일부를 전대(轉貸)한 경우

5. 임차인이 임차한 주택의 전부 또는 일부를 고의나 중대한 과실로 파손한 경우

6. 임차한 주택의 전부 또는 일부가 멸실되어 임대차의 목적을 달성하지 못할 경우

7. 임대인이 다음 각 목의 어느 하나에 해당하는 사유로 목적 주택의 전부 또는 대부분을 철거하거나 재건축하기 위해 목적 주택의 점유를 회복할 필요가 있는 경우

　　가. 임대차계약 체결 당시 공사시기 및 소요기간 등을 포함한 철거 또는 재건축 계획을 임차인에게 구체적으로 고지하고 그 계획에 따르는 경우

　　나. 건물이 노후·훼손 또는 일부 멸실되는 등 안전사고의 우려가 있는 경우

　　다. 다른 법령에 따라 철거 또는 재건축이 이루어지는 경우

8. 임대인(임대인의 직계존속·직계비속을 포함한다)이 목적 주택에 실제 거주하려는 경우

9. 그밖에 임차인이 임차인으로서의 의무를 현저히 위반하거나 임대차를 계속하기 어려운 중대한 사유가 있는 경우

　　법률상 대부분 사유가 기존 임대차기간 중 임차인의 귀책이 있는 경우 또는 부득이한 경우를 상정하고 있기에, 갱신 거절의 주요 사유로는 제8호의 '임대인 및 임대인의 직계존속 또는 직계비속의 실거주 사유'가 활용되고 있습니다.

　　임차인이 있는 주택에 대해 현재 임대인인 매도인이 아닌, 매수인이 앞으로 실거주를 하고자 할 때 위 '실거주 사유'에 의한 갱신 거절

은 적용이 될까요, 안 될까요?

제도 시행 당시 국토교통부의 유권해석이 '갱신요구 당시 임대인이 기준'이라고 밝혔던 것으로 의견이 분분했던 시절이 있었습니다. 다행히 대법원은 2022년 12월경 "매매계약을 체결한 매수인이 실제 거주할 목적으로 주택을 매수하고 계약갱신청구 기간 내 임대인 지위를 승계했다면 갱신 거절을 할 수 있다"라고 판시해 기준을 정리했습니다(대법원 2022. 12. 1. 선고 2021다266631 판결 참조). 대법원 판례에 따라 매수인은 임대차기간 만료 2개월 이전까지만 주택 소유권을 취득해 임대인 지위를 승계하면 임차인에 대해 갱신 거절을 할 수 있게 된 것입니다.

주의해야 하는 점은 위 대법원 판례의 기준은 '임차인의 갱신청구 기간, 즉 임대차기간 만료 2개월 전까지는 매수인이 임대인 지위를 승계함을 전제로 내려진 것'이기에, 매수인이 그 기간을 지나 소유권을 취득하는 경우에는 유효한 갱신 거절로 보기 어려울 수 있다는 점입니다. 뭐가 이렇게 복잡한가 싶지만, 법률이 여러 사정을 감안하지 않고 만들어진 탓이 가장 큽니다.

매도인 입장에서는 실거주 목적의 매수인과의 매매 거래를 진행할 때 매수인에게 기존 임차인의 계약갱신청구권 행사를 염두에 두어, 계약갱신청구 기간 내 소유권 이전이 필요할 수 있음을 알고 있어야 합니다. 덧붙여 법적 기준도 기준이지만 결국 임차인에게 사전에 고지하고 협조를 얻어내어 문제없이 계약이 종료될 수 있도록 하는 것이 현명한 방편임을 새겨야 합니다.

실거주 사유로 갱신을 거절했으나
실거주하지 않은 경우 문제

매도인인 임대인이 임차인의 계약갱신청구를 실거주 사유를 들어 거절했으나, 실제로는 실거주할 생각이 없어 이행하지 않았거나 혹은 다른 사유로 인해 실거주를 하지 못해 대상 주택을 제3자에게 임대하거나 매도한 경우 임차인에 대한 손해배상책임 문제가 불거질 수 있습니다.

「주택임대차보호법」은 실거주 사유로 갱신 거절을 했음에도 불구하고 주택을 제3자에게 '임대'한 경우 임대인에게 손해배상책임을 부여하고 있고, 그 손해배상액은 아래 금액들 중 가장 큰 금액을 기준으로 배상해야 함을 규정하고 있습니다(제6조의3 제5항, 제6항).

1. 갱신 거절 당시 월차임(차임 외에 보증금이 있는 경우에는 그 보증금을 제7조의2 각 호 중 낮은 비율에 따라 월 단위의 차임으로 전환한 금액을 포함한다. 이하 "환산월차임"이라 한다)의 3개월분에 해당하는 금액

2. 임대인이 제3자에게 임대해 얻은 환산월차임과 갱신 거절 당시 환산월차임 간 차액의 2년분에 해당하는 금액

3. 제1항 제8호의 사유로 인한 갱신 거절로 인해 임차인이 입은 손해액

법률 문언상 실거주 사유로 갱신 거절한 뒤 임차인에게 손해배상책임을 지는 경우는, 거절 이후 주택을 제3자에게 '임대'한 경우만 밝

히고 있어 과연 임대가 아닌 '매도'의 경우에도 손해배상책임을 부담시킬 수 있는지 쟁점으로 자리합니다.

확립된 대법원 판례가 나오지는 않았지만, 대다수 하급심 판례는 임대가 아닌 매도의 경우에 「주택임대차보호법」에 따른 손해배상책임을 직접 부담하지 않는다고 하더라도, 법률 취지상 임대인이 정당한 사유 없이 임차인의 갱신요구를 거절하지 못함에도 거절한 경우에 해당한 것은 맞으므로 「민법」상 불법행위로 인한 손해배상책임을 인정하고 있습니다.

거절 당시에는 실거주를 사유로 들었으나, 사안마다의 정당한 사유로 인해 사정이 변경되어 부득이 매도하게 된 경우에는 불법행위라 보기는 어렵다고 판단한 하급심 판례들도 있습니다. 하지만 이는 통상의 경우로 보기 어려우므로 주의해야 합니다.

나아가 대법원은 임대인이 주택에 실제 거주하려는 경우로 임차인의 갱신요구를 거절한 경우 그 사유에 해당한다는 점에 대해서는 임대인에게 증명책임을 부여하고 있습니다(대법원 2023. 12. 7. 선고 2022다279795 판결, 대법원 2023. 12. 21. 선고 2023다263551 판결 참조). 임대인이 실거주 사유로 임차인의 갱신요구를 거절했다면 그 사유가 있었음에 대해 구체적인 사정들을 밝혀 주장과 증명을 하지 않으면, 임차인이 차후 손해배상을 청구하는 소송에 이르게 되었을 때 패소할 수 있다는 뜻입니다.

임대인의 실거주 사유로 갱신요구를 거절당한 임차인은 「주택임대차보호법」에 따라 퇴거 이후에도 이해관계가 있는 사람으로서 대상 주택에 대해 확정일자 부여일, 차임 및 보증금 등 정보 열람이 가능하고(제3조의6 제3항), 언제든 부동산 등기부를 확인해 소유권 변동 여부를 확인할 수 있기에 임대차기간 만료 당시 면피용 거절은 이후 손해배상 문제로 불거질 수 있음에 유의해야 합니다. 매도인인 임대인이 다급한 마음에 실거주 사유를 들어 계약갱신을 거절했다가, 실제로는 실거주를 하지 않고 매도를 할 경우, 기존 임대차계약의 보증금이나 임차료 기준에 따라 달라지겠지만 적게는 수백만 원 많게는, 2천만~3천만 원에 이르는 손해배상을 해야 할 수 있습니다.

따라서 매도인은 주택 매도를 진행하며 기존 임차인이 계약갱신 청구권을 행사하는 경우 계약을 종료시키고자 싶은 마음으로 허위의 실거주 사유를 들어 거절함을 지양해야 합니다. 실거주 사유로 거절했으나 부득이한 사유로 인해 실거주가 어려워졌을 때는, 차후 임차인에 대한 손해배상 문제가 불거질 수 있는 점을 떠올려야 합니다. 당시 사정을 객관적으로 정리해 추후 증명할 수 있도록 준비하고, 어쩔 수 없이 일정 손해배상 내지 합의금을 임차인에게 지급해야 할 수도 있음을 감안해야 합니다.

부동산 매도 불변의 법칙

부동산 매매계약, 왜 중요한가

부동산 거래는 적게는 수천만 원에서 많게는 수십억 원에 이르는 막대한 자산 가치를 교환하는 행위입니다. 부동산 거래에 있어 계약은 매도인과 매수인 사이 거래 내용을 확정하는 중요한 과정으로서, 거래대금, 부동산의 물리적 법적 상태, 인도 조건, 하자 발생 시 책임, 계약 불이행 시 방안 등 거래 전 과정을 규율하는 포괄적인 합의로 이루어집니다.

부동산 매매계약은 단순히 대금 및 지급 일정을 정하는 계약서 작성이 아니라 당사자들 사이 이해관계와 위험 요소를 확인해 확정함으로써 분쟁을 예방하고, 분쟁 발생 시 법적 안전장치를 마련하는 절차인 것입니다.

그럼에도 불구하고 부동산 거래 실무상 계약 과정은 공인중개사 사무소에서 마련하는 한두 페이지 단출한 양식의 계약서에 추가로 특약을 기재해 당사자들의 도장을 찍거나 서명하는 형식적인 절차로 여겨지고 있습니다. 특약의 경우, 공인중개사가 자주 발생하는 쟁점에 대해 정형화된 특약 문구를 미리 준비해두고 거래 당사자의 요청에 따라 필요한 내용을 추가하는 방식으로 기재되고는 합니다.

일방 당사자 입장에서 얼마나 유리한 특약을 넣느냐가 계약의 중점사항으로 여겨지고 있는 것입니다. 각 당사자는 나름대로 신경 쓰이는 부분을 짚어 특약으로 넣어달라고는 하지만, 정작 우려했던 문제가 발생했을 때 일반적인 표현으로 특약 내용이 기재되어 법률상 별다른 의미가 없는 경우도 많습니다. 아니면 모호하게 작성되어 문제 해결의 기준이 되지 못해 해석을 두고 결국 소송을 통해 법원의 해석을 맡겨야 하는 상황에 이르는 경우도 부지기수입니다.

이러한 현실로 인해 온라인 커뮤니티나 SNS 등지에서 거래 관련 대출의 가능 여부나 대상 부동산의 임대차 관계, 관련 비용 정산 등과 관련해 '부동산 계약 시 꼭 넣어야 할 특약'이라는 정보가 공유되고 있습니다. 공유되는 특약 내용은 통상적인 거래 필요를 비추면 대부분 도움이 되는 것은 맞습니다. 문제는 개별 거래는 물건과 당사자, 시기에 따라 특유성을 가진다는 점입니다. 이를 반영해 적정한 특약을 작성하는 것은 생각보다 어려운 일입니다.

전문 매매사업자가 아닌 이상, 부동산 거래는 매도인이든 매수인이든 일생에서 몇 차례 이루어지는 게 전부이다 보니 계약 체결 과정은 공인중개사에 의존하기 마련입니다. 변호사나 법무사 등 법률 전문가에게 계약서 검토를 의뢰하는 것이 가장 좋으나 비용 부담도 있고, 아직까지는 부동산 거래용 계약서 검토 목적으로 법률 서비스를 이용하는 것이 일반적인 일로 여겨지지는 않는 듯합니다.

문제는 개별 거래의 특유한 이슈를 확인해 법률상 명확한 의미를 담은 특약 조항을 마련할 수 있는 공인중개사는 다수의 거래 중개 경험을 갖춘 경우가 아닌 이상 드물고, 거래 완수가 곧 보수로 이어지는 공인중개사 업무 특성상 일방 당사자 입장을 반영하기에는 어려움이 있다는 것입니다.

부동산 매매계약을 특약 중심으로만 이해하다 보니, 문제 발생 시 계약 일반 법리에 따른 책임 소재와 손해 부담 같은 기본 사항은 상식 수준으로만 알고 대체로 신경 쓰지 않는 경향도 있습니다. 막상 분쟁 상황에 이르러 찾아보거나 법률 전문가와 상담을 받을 때 접하는 법률 용어로 이해가 어려워, 유불리 판단을 그르쳐 상대방에게 불리한 언행을 하거나 불필요한 소송까지 벌어지고는 합니다.

여기서는 지엽적인 특약의 기술이 아닌, 개인도 계약 법리의 기본을 새겨두어 거래 과정 중 의사결정이 필요할 때 혼란 없이 판단할 수 있도록 돕고자 합니다. 막대한 자산을 두고 거래하는 당사자로서 거래의 중심 내용으로 자리하는 계약이 대체 무엇인지, 왜 중요한지, 부동산 매매계약에 있어 어떤 부분을 유의해야 하는지, 계약서 작성부터 사후 분쟁 발생 시 대응 방안까지 알아봅시다.

계약과 계약서, 그리고 가계약

대체 계약이 무엇이기에 중요하다고 반복할까요? 계약은 법적인 약속입니다. "계약은 지켜져야 한다(Pacta sunt servanda)"라는 법 격언이 있는데, 약속을 지키라는 확인과 다름없습니다.

법률상 계약은 청약과 승낙이 합치해 성립되는 것이라고 표현합니다. 청약은 상대방에게 일정한 내용으로 계약 체결을 제안하는 의사표시이고, 승낙은 그 청약을 수락하는 의사표시입니다. 제안과 수락이 이견 없이 합의되면 계약이 체결되었다고 봅니다. 표현만 어려울 뿐, 당사자 간 동일한 내용으로 약속이 이루어지면 계약이 체결되었다는 뜻으로 이해하면 됩니다.

「민법」의 근간을 이루는 원칙인 '사적 자치의 원칙'은 곧 '계약 자유의 원칙'을 의미하고, 헌법이 보장하는 기본권입니다. 물론 사회정책적 목적 등에 따라 제한되는 예외적인 경우도 있기는 합니다. 하지만 대한민국에서 개인 간 이루어지는 계약은 원칙상 당사자들 사이 자유로운 의사에 따라 그 내용과 방식에 있어 제약을 받지 않고 이루어질 수 있습니다.

법률상 계약이 성립되기 위해 반드시 서면 계약서가 필요한 것은 아닙니다. 앞서 설명한 바와 같이 당사자 간 청약과 승낙이 합치하면 계약이 성립되는 것이므로, 구두로 약속하더라도 법적으로 유효한 계약이 체결될 수 있습니다.

실제로 「민법」에서는 '계약 자유의 원칙'에 따라 계약의 방식에 대

부동산 매도 불변의 법칙

해서도 당사자들이 자유롭게 정할 수 있도록 하고 있습니다 특별한 법률상 제한이 없는 한 말로만 이루어진, 이른바 '구두 계약'도 서면 계약과 동일한 효력을 갖습니다. 다만 증여 계약과 같이 특정 계약의 경우 서면으로 작성되지 않으면 언제든지 해제할 수 있도록 하는 등 예외가 있을 뿐입니다.

그럼에도 불구하고 계약서를 작성하는 이유는 바로 '증명'에 있습니다. 구두로 이루어진 약속은 시간이 지나면서 기억이 왜곡되거나 당사자 간 이해가 달라질 수 있고, 심지어 일방 당사자가 악의적으로 합의 사실 자체를 부인하기도 합니다.

이때 서면으로 작성된 계약서가 없다면 계약이 체결되었다는 사실이나 그 구체적 내용을 증명하기가 매우 어려워집니다. 반면 명확하게 작성된 계약서가 있다면 분쟁 발생 시 당사자들이 어떤 내용으로 합의했는지를 확인할 수 있어, 미래에 발생할 수 있는 분쟁을 예방하고 분쟁이 실제 발생했을 때 사실관계를 명확히 증명할 수 있게 됩니다.

계약서를 작성의 필요성을 인지했다면, 남은 과제는 계약서를 어떻게 작성하느냐입니다. 이와 관련해 계약 구조에 대한 이해를 바탕으로 계약서 작성 시 유의해야 하는 점 등에 대해 지금부터 알아보겠습니다.

가계약과 가계약금계약

부동산 거래 과정에서 흔히 등장하는 '가(假)계약'은 법률적 개념으로 엄밀히 정의된 용어는 아니나, 실무적으로 정식 계약 체결 전 단계의 합의를 지칭합니다. 부동산 거래 실무에서 가계약금은 빈번하게 사용되는 제도이지만, 그 법적 성질과 청산 방법에 대한 명확한 의사 합치가 부족해 분쟁의 원인이 되기도 합니다.

부동산 거래 현장에서는 매수인이 자금 마련이나 확실한 매수 의향을 확정하기 전에 매물을 선점하기 위한 목적으로 공인중개사를 통해 매도인에게 소액의 가계약금을 지급하는 방식으로 가계약이 진행됩니다. 중개 성사를 위해 공인중개사들로부터 "가계약금만 일부 걸어두시라"고 권유받은 매수인이 '취소되면 돌려받을 수 있는 돈'이라고 생각해 지급해두는 경우도 많습니다. 이런 '우선 가계약금부터 걸어두고 보는' 부동산 거래의 흔한 관행상, 당사자들이 가계약 자체의 청산 조건에 대해 합의해두지 않는 경우가 많아 분쟁의 화약고로 자리하고 있습니다.

가계약은 성립과 동시에 독립적인 계약으로서 기능하기에, 문제 발생 시 청산과 손해배상을 어떻게 마쳐야 하는지 당사자 간 이견이 발생해 문제가 됩니다. 매우 드물게 가계약서를 작성하는 경우도 있지만, 대부분 소정의 금액을 가계약금으로 두어 주고받는 형태로 이루어집니다.

가계약금계약은 '본계약을 위한 교섭의 기초로 성립되는 계약'이라 할 수 있습니다. 가계약금과 관련해 분쟁과 혼동이 생기는 주된 사유는 매수인이 가계약금을 지급한 상태에서 '본계약 체결을 위한 가계약금계약만 체결된 상태'인지 '본계약이 체결된 상태에서 계약금의 일부만 지급된 상태'인지 여부로 인한 것입니다. 구별이 어려워 보이지만, 결국 가계약금계약은 본계약을 체결하기 위한 전제이므로

부동산 매도 불변의 법칙

'본계약이 성립되었느냐'를 확인하면 됩니다.

가계약금계약은 본계약을 체결하기 위한 준비 단계일 뿐이고, 가계약금이 지급되면 가계약금계약은 성립과 이행이 모두 끝나게 됩니다. 부동산 매매 거래에 따른 대금을 지급하느냐를 결정하는 본계약이 체결되지 않은 상태인 만큼, 이미 성립 및 이행이 마쳐진 가계약금계약에 있어서 매수인과 매도인의 '채무불이행'이 성립할 수 없고, 채무불이행이 성립할 수 없으니 당사자 간 손해배상책임 문제도 불거지지 않습니다.

따라서 본계약 체결이 확정적으로 불가능해진다면 성립 및 이행이 마쳐진 가계약금계약이 목적을 잃어 불능 상태가 되었으니, 매수인이 매도인에게 지급했던 가계약금은 원인 없이 이루어진 급여가 됩니다. 본계약 체결이 이루어지지 않으면 매수인은 지급한 가계약금을 부당이득반환으로서 돌려받을 수 있는 것입니다.

단, 주의가 필요합니다. 가계약금계약 당시에 '해약금'에 대한 특약을 명시해 설정한 경우에는 다르기 때문입니다. 대법원은 "계약을 파기하기 위해서는 매수인은 교부된 가계약금을 포기하고, 매도인이 가계약금의 배액을 상환함으로써 할 수 있다"고 별도로 약정한 경우 가계약금 청산에 대해 상호 합의가 이루어졌으니 그에 따라야 한다고 판단하고 있습니다(대법원 2021. 9. 30. 선고 2021다248312 판결, 대법원 2022. 9. 29. 선고 2022다247187 판결 등 참조).

가계약금만 주고받은 상태에서 계약이 파기되었다면

본계약의 성립은 부동산 매매계약과 관련한 주된 내용에 대해 대략의 합의가 성립되었는지 여부를 살펴 판단하게 됩니다. 부동산 매매계약에 있어 중요사항, 그러니까 계약 체결 당시 매매목적물인 부동산과 매매대금, 중도금 지급 방법에 관한 합의가 있었다면 설령 가계약서상 잔금 지급시기가 기재되지 않았다고 하더라도 본계약이 성립했다고 봤던 판례를 참조할 법합니다(대법원 2006. 11. 24. 선고 2005다39594 판결 참조).

가계약금 지급 상태에서 '본계약이 성립'되었다면 분쟁의 중요 부분은 계약을 파기하는 기준인 해약금을 상대적으로 소액인 가계약금으로 두느냐, 본계약상 계약금으로 두느냐로 집중됩니다. 이는 매우 중요한 문제입니다. 소액의 가계약금만 주고받은 상태에서 계약이 파기되었을 때 정산 기준을 무엇으로 두느냐의 문제이기 때문입니다.

'본계약이 성립되었다면' 가계약금은 계약금의 일부만 지급된 경우로 해석됩니다. 계약금의 일부만 지급되었다 하더라도 본계약이 체결된 상태에서 계약을 파기하기 위해서는 매수인은 계약금 전액을 기준으로 이를 포기할 수 있으므로 부족한 금액의 추가 납입이 필요한 것이고, 매도인은 수령한 일부 계약금의 배액이 아닌 계약금 전액 기준의 배액을 매수인에게 지급해야 하는 것입니다.

모든 계약은 당사자 간 계약 체결 당시 어떤 의사가 합치되었는지를 살피므로, 결국 본계약 체결 및 가계약금 지급 당시의 당사자가 해약금을 어떻게 지급하기로 합의했는지 봐야 합니다.

이런 이유로 최근에는 가계약금계약을 맺을 때, 중개사가 해약금 관련 내용을 정리해 문자메시지로 당사자에게 보내 동의를 받는 경

　　　　　　　　　　　　　　　부동산 매도 불변의 법칙

우가 많습니다. 이때 '가계약금 지급 = 본계약 성립'이라는 점을 확인하고, 계약이 파기될 경우 해약금 기준을 가계약금으로 명시해 분쟁을 미리 막는 것입니다.

하지만 거래 경험이 많지 않거나 혹은 실수로 위와 같은 확인 과정을 중개사가 놓치거나, 가계약금과 관련한 법리가 복잡한 점으로 인해 통용되는 문구 양식을 옮기다가 해약금과 관련된 내용을 잘못 옮겨 '가계약금'이 아닌 '계약금'으로 잘못 기재된 경우, 이를 둘러싼 분쟁의 화약고가 언제 터질지 모르는 상태로 돌아오게 되는 점에 유의해야 합니다. 그러니 가계약금 납입 과정에서 중개사에게 '가계약금 기준으로 해약금을 명시해달라'고 요구할 필요가 있습니다.

계약금, 중도금, 잔금의 구조 이해

계약금

부동산 거래에서 계약금은 단순히 거래의 시작을 알리는 신호탄이 아니라 법적 구속력을 갖는 핵심 요소입니다. 통상 매매대금의 10% 내외로 설정되지만, 이는 법적 강제사항이 아닌 관행적 기준에 불과합니다. 계약금을 20~30% 선으로 설정해 계약을 진행해도 문제없습니다.

다만 계약금 비중을 어떻게 정하느냐에 따라, 본격적으로 계약을 이행하기 전에 해약할 수 있는 기준 금액(해약금)이 달라지므로 주의가 필요합니다. 「민법」에서 계약금은 단순한 증표가 아닌 법적 구속력 있는 '해약금'으로 추정됩니다. 「민법」 제565조 제1항은 해약금에 대해 "매매의 당사자 일방이 계약 당시에 금전 기타 물건을 계약금·보증금 등의 명목으로 상대방에게 교부한 때에는 당사자 간에 다른 약정이 없는 한, 당사자의 일방이 이행에 착수할 때까지 교부자는 이를 포기하고 수령자는 그 배액을 상환해 매매계약을 해제할 수 있다"고 규정합니다.

흔히 알려진 '매수인 계약금 포기, 매도인 계약금 배액 상환'의 해약 기준이 바로 위 규정을 바탕에 둔 것입니다. 이러한 해약금의 기준은 법률상의 것으로 '사적자치의 원칙'에 따라 이를 벗어난 합의를 계약서에 작성해도 유효합니다. 드물겠지만, '계약자유의 원칙'상 해약금 기준을 '매수인이 계약금의 배액 부담, 매도인은 3배의 상환'과 같은 방식으로 계약서에 기재하면 법률상 기준보다 우선하는 것입니다.

계약금이 '위약금'으로 해석되려면 명시적 특약이 필요합니다. 해약금과 위약금은 비슷한 단어여서 같은 의미로 보이지만, 전혀 다른 개념임에 유의해야 합니다. 법률가들마저도 자주 혼동하는 개념이기도 합니다. '해약금'은 당사자 일방이 이행을 착수하기 전에 다른 조건 없이 계약에서 벗어날 수 있는 기준이 되는 금액이라면, '위약금'은 당사자 중 일방의 책임으로 계약이 파기되었을 때 상대방이 그 책임 있는 당사자에게 손해배상으로 물을 수 있는 기준이 되는 금액입니다.

앞서 확인했듯 「민법」에 따라 계약서상 다른 기재가 없더라도 계약금은 해약금으로 여겨지나, 위약금은 「민법」상 그러한 내용이 없으

부동산 매도 불변의 법칙

므로 계약서상 명시한 내용이 있어야만 계약금이 위약금으로 인정됩니다. 「민법」 제398조 제1항은 당사자는 채무불이행에 관한 손해배상액을 예정할 수 있다고 규정하고, 동조 제4항은 위약금 약정을 손해배상액 예정으로 추정한다고 규정합니다. 따라서 계약서상 '위약금'이라는 단어를 명시하지 않았더라도, 계약이 해제·해지되었을 때 책임이 있는 당사자가 부담하는 손해배상액에 대해 기재되어 있다고 하면 해석상 위약금으로 여겨집니다.

그렇다면 계약금을 매매대금의 20~30%로 높게 설정하고 위약금으로 삼기로 한 특약은 어떨까요? 이 경우에는 그 금액이 무조건 유효한 것은 아닙니다. 「민법」 제398조 제2항은 "손해배상의 예정액이 부당히 과다한 경우에는 법원은 적당히 감액할 수 있다"고 명시해 법원에 의한 직권 감액이 가능하도록 하고 있습니다.

대법원은 이에 대해 "손해배상 예정액의 감액은 국가가 당사자 간의 실질적 불평등을 제거하고 공정성을 보장하기 위해 계약의 체결 또는 그 내용에 간섭하는 사적 자치의 원칙에 대한 제한의 한 가지 형태이다. 여기에서 '부당히 과다한 경우'는 손해가 없다거나 손해액이 예정액보다 적다는 것만으로는 부족하고, 계약자의 경제적 지위, 계약의 목적, 손해배상액 예정의 경위 및 거래관행 기타 제반 사정을 고려해 그와 같은 예정액의 지급이 경제적 약자의 지위에 있는 채무자에게 부당한 압박을 가해 공정성을 잃는 결과를 초래한다고 인정되는 경우를 뜻한다"라고 판시한 바 있습니다(대법원 2023. 8. 18. 선고 2022다227619 판결 등 참조).

중도금

계약금이 거래의 시작을 알리는 신호탄이라면, 중도금은 계약을 되돌릴 수 없는 단계로 나아가게 하는 것과 같습니다. 중도금 지급은 출발점으로 돌아갈 수 없는 법적, 심리적 분기점이 됩니다. 중도금을 주고받는 행위는 단순히 돈의 일부를 미리 건네는 차원을 넘어, 양 당사자의 계약 이행 의지를 명확히 하고 법적으로 계약을 확정 짓는 매우 중요한 의미를 지니기 때문입니다.

중도금이 갖는 가장 핵심적인 법적 의미는 바로 '이행의 착수'로 인정된다는 점입니다. '이행의 착수'란 계약의 내용을 본격적으로 실행하기 시작했다는 법적인 신호입니다. 앞서 계약금 부분에서 살펴본 「민법」 제565조는 상대방이 '이행에 착수하기 전'까지만 계약금을 포기하거나 그 두 배를 돌려주고 계약을 자유롭게 해제할 수 있다고 정하고 있습니다. 법원은 매수인이 매도인에게 약속한 중도금의 일부라도 지급한 행위를 바로 이 '이행의 착수'의 대표적인 사례로 보고 있습니다.

따라서 일단 중도금이 오고 갔다면, 그 후에는 매수인이 단순히 마음이 바뀌었다는 이유로 계약금을 포기하고 계약을 없던 일로 할 수 없습니다. 마찬가지로 매도인 역시 계약 이후 주변 집값이 올랐다는 등의 사유로 계약금의 두 배를 물어주고 계약을 파기할 수 없게 됩니다. 이때부터 계약은 양쪽이 서로 합의해서 끝내거나(합의해제), 어느 한쪽이 잔금 미지급과 같은 중대한 계약 내용을 위반(채무불이행)하는 등의 사유로 법적 절차를 거쳐 계약을 종료시키지 않는 한, 반드시 지켜져야 하는 강력한 효력을 갖게 됩니다.

한 가지 더 유의할 점은 특별히 '정해진 날짜 이전에는 중도금을 지급할 수 없다'는 특약을 걸지 않았다면, 매수인이 약속된 날짜보다 먼저 중도금을 송금하더라도 유효한 이행의 착수로 인정된다는 것이 대법원의 입장이므로 매도인 입장에서는 주의가 필요합니다.

이렇듯 강력한 법적 의미가 있기에 중도금은 양측 모두에게 계약이 안정적으로 이행될 것이라는 확고한 믿음을 주는 역할을 합니다. 매수인 입장에서는 원하는 부동산을 당사자 일방 가격으로 확실히 확보하는 안전판이 되고, 매도인 입장에서는 확실한 매매가 성사되었음을 전제로 다음 주택을 알아보거나 자금 계획을 세우는 등 다음 단계를 안심하고 준비할 수 있게 됩니다.

동시에 매수인이 수억 원에 달하는 큰 액수의 매매대금을 계약금, 중도금, 잔금으로 나누어 마련할 수 있도록 부담을 덜어주는 현실적인 기능도 합니다. 법으로 정해진 비율은 없지만, 실제 거래에서는 통상 매매대금의 30~50% 사이에서 중도금 액수를 정하는 것이 일반적입니다. 이는 계약의 구속력을 충분히 담보할 만한 금액이면서도, 매수인이 초기에 감당하기 어려운 수준은 아닌 합리적인 선에서 형성된 관행이라 할 수 있습니다.

물론 당사자 간의 합의만 있다면 중도금 절차 없이 계약금과 잔금만으로 계약을 체결하는 것도 가능합니다. 하지만 이럴 경우 계약의 안정성이 크게 떨어져, 잔금을 치르기 직전까지 어느 한쪽이 변심해 계약금에 의한 해제를 주장할 수 있는 매우 불안한 상태가 유지됩니다. 부동산 시장이 급변하는 시기에는 이러한 계약 방식이 양측 모두에게 상당한 위험 요인이 될 수 있습니다.

이러한 불안정성을 피하고자 실제 계약에서는 일부러 소액의 중도금을 설정하는 전략적 선택을 하기도 합니다. 예를 들어 계약서를 쓴 지 며칠 지나지 않아 1천만 원 정도의 금액이라도 중도금 명목으로 주고받기로 약정하는 것입니다. 법적으로는 금액의 많고 적음과 관계없이 중도금이 지급되면 계약은 해약금 해제가 불가능한 확정적인 상태로 들어가기 때문입니다. 이 경우 매수인은 적은 돈으로 확실하게 집을 확보할 수 있고, 매도인은 변심할지 모를 매수인을 묶어둘 수 있습니다.

강조하지만 한번 중도금을 받으면 매도인 역시 더 좋은 조건의 다른 매수인이 나타나도 계약을 물릴 수 없다는 점을 명심해야 합니다. 특히 집값이 빠르게 오르는 시기에는 섣불리 소액의 중도금을 받았다가 더 높은 값에 팔 기회를 눈앞에서 놓치는 기회비용이 발생할 수 있으므로, 계약의 안정성과 더 높은 수익의 가능성 사이에서 신중한 판단이 필요합니다. 결국 중도금은 단순한 돈거래가 아니라, 계약의 운명을 결정짓는 전략적 선택 과정이라 할 수 있습니다.

잔금

긴 여정의 마침표를 찍는 잔금 단계는 거래의 실질적인 완결을 의미합니다. 계약금이 거래 의사를 확인하고 중도금이 계약의 확정성을 다지는 과정이었다면, 잔금은 소유권이라는 열매를 맺는 최종 단계입니다. 매수인이 계약금과 중도금을 제외한 나머지 매매대금 전액을 납부하고 매도인으로부터 소유권을 온전히 넘겨받으면, 비로소 거래는 종결되고 특별한 사정이 없는 한 더는 계약과 관련한 문제가

부동산 매도 불변의 법칙

발생할 위험이 대부분 사라집니다.

잔금 단계에서 가장 중요한 법률 원칙은 바로 '동시이행의 관계'입니다. 이는 매수인의 '잔금 지급 의무'와 매도인의 '소유권 이전에 필요한 서류 제공 의무'가 말 그대로 동시에 이행되어야 한다는 뜻으로, 어느 한쪽이 먼저 이행해야 하는 것이 아니라 공평하게 맞교환하는 관계임을 의미합니다.

「민법」 제536조는 어느 한쪽이 자신의 의무를 이행하지 않으면, 상대방 역시 자신의 의무 이행을 거절할 수 있는 권리인 '동시이행의 항변권'을 보장합니다. 쉽게 말해, 매도인이 소유권 이전에 필요한 서류를 완벽하게 준비하지 않았다면 매수인은 잔금 지급을 거절할 수 있고, 반대로 매수인이 잔금을 준비하지 않았다면 매도인은 서류 제공을 거절할 수 있습니다. 만약 한쪽은 모든 준비를 마쳤는데 상대방이 의무를 이행하지 않으면, 의무를 이행하지 못한 쪽은 '이행지체'라는 계약 위반 상태에 빠지게 되며, 이로 인해 발생하는 손해에 대한 배상책임을 지거나 계약이 해제될 수도 있습니다.

이 동시이행 원칙이 현실에서 중요하게 작용하는 경우는 매도 대상 부동산에 예상치 못한 문제가 생겼을 때입니다. 대표적으로 매도인의 다른 채무 문제로 인해 채권자가 해당 부동산에 가압류를 설정한 경우를 들 수 있습니다.

대법원은 이러한 경우 매도인은 가압류를 말소해 아무런 제한이나 부담이 없는 완전한 소유권을 이전해줄 의무가 있으며, 이 가압류 말소 의무 역시 매수인의 잔금 지급 의무와 동시이행 관계에 있다고 명확히 하고 있습니다(대법원 2000. 11. 28. 선고 2000다8533 판결). 즉,

매도인이 가압류 문제를 해결하지 못하면 매수인에게 잔금을 달라고 요구할 수 없으며, 이 상태가 지속될 경우 계약 위반에 따른 손해배상의 책임을 져야 할 수도 있습니다.

이는 매도인이 주택담보대출을 받은 경우에도 마찬가지로 적용됩니다. 매도인은 잔금을 받아 대출금을 상환하고 근저당권을 말소할 의무가 있으며, 매수인은 근저당권 말소에 필요한 서류가 확인되기 전까지 잔금 지급을 거절할 수 있습니다.

앞에서 강조했듯, 매도인은 자신의 채무 문제로 부동산에 권리 제한이 발생할 우려가 있다면, 계약 시 매수인을 위해 '매매예약 가등기'를 설정해줌으로써 계약 이후 발생하는 새로운 권리관계로부터 계약을 보호하는 방안을 고려해야 합니다.

실무상 잔금일은 법률적 의무 이행과 더불어 각종 정산 절차가 복합적으로 이루어지는 매우 분주한 날입니다. 통상 약속된 시간에 공인중개사 사무실에 모여 잔금 이체를 확인하고, 매도인이 소유권 이전에 필요한 서류 일체를 매수인(또는 매수인 측 법무사)에게 건네주는 방식으로 진행됩니다. 매수인은 잔금을 보내기 직전, 반드시 등기부 등본을 다시 한번 발급받아 계약 체결 이후 새로운 근저당이나 가압류가 생기지 않았는지 최종적으로 점검합니다. 동시에 매도인은 이사 날짜를 기준으로 관리비, 도시가스 요금 등 각종 공과금을 정산해야 합니다.

이 모든 절차가 원활히 진행되려면 매도인은 소유권 이전에 필수적인 서류들을 사전에 빠짐없이 준비하고 유효기간 등을 꼼꼼히 확인해두어야 합니다. 대표적으로 등기권리증, 매수인의 인적사항이 기재된 3개월 이내 발급된 부동산 매도용 인감증명서, 주소 변동 이력이 포함된 주민등록초본, 신분증, 인감도장 등이 필요합니다. 잔금일은 부동산 거래의 마지막 고비인 만큼, 서류가 누락되거나 유효기간이 지나면 등기 절차가 지연되는 등 문제로 이어지므로 철저히 준비를 마쳐두어야 합니다.

**매매계약서 작성 시
유의할 점**

SOLD

계약서 기본 조건 확인

부동산 매매계약서 작성의 기본은 계약 당사자의 신원을 정확히 확인하는 것에서 시작됩니다. 양 당사자는 계약 현장에서 상대방의 신분증을 통해 성명, 주민등록번호, 주소를 확인하고, 특히 매수인은 등기부등본상 소유자와 계약하러 나온 사람이 일치하는지 반드시 대조해야 합니다. 가장 확실한 방법은 계약서에 양 당사자의 인감증명서를 첨부해 당사자의 신원과 계약 의사를 명확히 하는 것입니다.

만약 부득이한 사정으로 본인이 아닌 대리인이 계약을 진행할 경우, 반드시 본인이 발급한 인감증명서가 첨부된 위임장을 구비해야 합니다. 이 위임장에는 어떤 부동산을 어떤 조건으로 매매하는 계약인지, 그리고 대리인에게 계약금, 중도금, 잔금을 수령할 권한까지 위임하는지 등 위임의 범위가 구체적으로 명시되어 있어야 합니다.

당사자 확인은 사기 등 잠재적 위험을 막는 가장 중요한 절차임에도, 실무에서는 간혹 소홀히 다뤄지기도 합니다. 따라서 중개사에게 사전에 당사자 및 대리권 확인을 철저하게 해줄 것을 미리 요청해두는 것이 안전합니다.

매매 대상 부동산의 주소, 면적 등 물리적 현황은 등기부등본을 기준으로 중개사가 작성하므로 특별히 신경 쓸 필요는 없으나, 만에 하나 있을지 모를 오기를 막기 위해 직접 확인하는 것이 좋습니다. 더불어 등기부등본의 '을구'를 통해 근저당권 및 기타 제한물권 설정에 대해 현황대로 맞는지 미리 확인해두면 좋을 것입니다.

매매대금은 계약금, 중도금, 잔금으로 나누어 각각의 금액과 지급일자를 명확히 기재하고, 대금의 지급 방식은 '매도인 보유 계좌로 현금 이체 방식으로 지급한다'는 내용과 함께 금융사명과 계좌번호를 특약란에 기재해 특정해둡니다.

여러 번 강조하는 특약의 중요성

중개사를 통해 체결되는 매매계약일지라도, 대부분 계약서는 공인중개사협회에서 배포한 표준 양식을 바탕으로 체결되기 마련입니다. 해당 계약서는 부동산 매매계약에 법률상 틀림이 없는 기본 내용을 담고 있고, 간단한 양식으로 일일이 계약서 내용을 살펴야 할 필요 없이 계약 체결 시 사용하면 된다는 이점이 있습니다.

하지만 표준 양식의 계약서는 말 그대로 '표준'의 내용만 담고 있기에 「민법」 또는 「주택임대차보호법」이 명시하는 법률상 일반적인 기준이 반영되어 있을 뿐입니다. 일반 규정을 반영한 계약서이다 보니 거래상 문제가 없다면 상관없지만, 명시해두지 않은 사항에 대해 당사자 간 입장이 맞설 경우 마땅한 기준이 없어 계약서가 분쟁 해결 기준으로 그 역할을 못 하는 상황이 발생하기 마련입니다. 계약 과정에서 발생할 수 있는 수많은 변수나 개별적인 합의 내용을 모두 반영하지 못하는 것입니다. 실제 거래에서는 일반적인 내용을 담고 있는 기존 계약서 내용보다 '특약사항'이라 마련된 공란에 어떠한 내용이 들어가느냐에 거래 당사자와 중개사가 집중할 수밖에 없는 이유입니다.

특약은 당사자 간 계약 체결 시 특별한 합의로 여겨지므로, 법률상 제한된 범주를 벗어나지 않는 선에서 표준 계약서 일반 규정에 우선합니다. 부동산 매매계약에 있어 특약은 단순한 부수적 기재사항이 아닌, 당사자 간 권리와 의무를 명확히 하고 분쟁을 예방하는 핵심적인 장치로 기능하는 것입니다.

특약의 중요성이 강조될 수밖에 없다 보니, 중개사마다 나름의 노하우로 당사자들이 요구하지 않아도 시장에서 통용되는 특약을 미리 반영해두는 경향이 있습니다. 한국공인중개사협회 등에서는 거래 실무상 필요한 특약 내용을 중개사들에게 공유해 권장하기도 합니다.

부 동 산 매 매 계 약 서

매도인과 매수인 쌍방은 아래 표시 부동산에 관하여 다음 계약 내용과 같이 매매계약을 체결한다.

1.부동산의 표시

소 재 지							
토 지	지 목		대지권		면 적		m²
건 물	구조·용도		면 적				m²

2. 계약내용

제 1 조 (목적) 위 부동산의 매매에 대하여 매도인과 매수인은 합의에 의하여 매매대금을 아래와 같이 지불하기로 한다.

매매대금	금				원정(₩		)
계 약 금	금			원정은 계약시에 지불하고 영수함. 영수자(			인)
융 자 금	금	원정(	은행)을 승계키로 한다.	임대보증금	총		원정 을 승계키로 한다.
중 도 금	금				원정은	년	월 일에 지불하며
잔 금	금				원정은	년	월 일에 지불한다.

제 2 조 (소유권 이전 등) 매도인은 매매대금의 잔금 수령과 동시에 매수인에게 소유권이전등기에 필요한 모든 서류를 교부하고 등기절차에 협력하며, 위 부동산의 인도일은 _____ 년 _____ 월 _____ 일로 한다.

제 3 조 (제한물권 등의 소멸) 매도인은 위의 부동산에 설정된 저당권, 지상권, 임차권 등 소유권의 행사를 제한하는 사유가 있거나, 제세공과 기타 부담금의 미납금 등이 있을 때에는 잔금 수수일까지 그 권리의 하자 및 부담 등을 제거하여 완전한 소유권을 매수인에게 이전한다. 다만, 승계하기로 합의하는 권리 및 금액은 그러하지 아니하다.

제 4 조 (지방세 등) 위 부동산에 관하여 발생한 수익의 귀속과 제세공과금 등의 부담은 위 부동산의 인도일을 기준으로 하되, 지방세의 납부의무 및 납부책임은 지방세법의 규정에 의한다.

제 5 조 (계약의 해제) 매수인이 매도인에게 중도금(중도금이 없을때에는 잔금)을 지불하기 전까지 매도인은 계약금의 배액을 상환하고, 매수인은 계약금을 포기하고 본 계약을 해제할 수 있다.

제 6 조 (채무불이행과 손해배상) 매도인 또는 매수인이 본 계약상의 내용에 대하여 불이행이 있을 경우 그 상대방은 불이행한자에 대하여 서면으로 최고하고 계약을 해제할 수 있다. 그리고 계약당사자는 계약해제에 따른 손해배상을 각각 상대방에게 청구할 수 있으며, 손해배상에 대하여 별도의 약정이 없는 한 계약금을 손해배상의 기준으로 본다.

제 7 조 (중개수수료) 중개업자는 매도인 또는 매수인의 본 계약 불이행에 대하여 책임을 지지 않는다. 또한, 중개수수료는 본 계약체결과 동시에 계약 당사자 쌍방이 각각 지불하며, 중개업자의 고의나 과실없이 본 계약이 무효·취소 또는 해제되어도 중개수수료는 지급한다. 공동 중개인 경우에 매도인과 매수인은 자신이 중개 의뢰한 중개업자에게 각각 중개수수료를 지급한다.(중개수수료는 거래가액의 _____%로 한다.)

제 8 조 (중개수수료 외) 매도인 또는 매수인이 본 계약 이외의 업무를 의뢰한 경우 이에 관한 보수는 중개수수료와는 별도로 지급하며 그 금액은 합의에 의한다.

제 9 조 (중개대상물확인·설명서 교부 등) 중개업자는 중개대상물 확인·설명서를 작성하고 업무보증관계증서(공제증서 등) 사본을 첨부하여 계약체결과 동시에 거래당사자 쌍방에게 교부한다.

특약사항

_____
_____
_____
_____

본 계약을 증명하기 위하여 계약 당사자가 이의 없음을 확인하고 각각 서명·날인 후 매도인, 매수인 및 중개업자는 매장마다 간인하여야 하며, 각각 1통씩 보관한다.   _____ 년 _____ 월 _____ 일

매도인	주 소							
	주민등록번호			전 화		성 명		인
	대 리 인	주소		주민등록번호		성 명		
매수인	주 소							
	주민등록번호			전 화		성 명		인
	대 리 인	주소		주민등록번호		성 명		
중개업자	사무소소재지			사무소소재지				
	사 무 소 명 칭			사 무 소 명 칭				
	대 표	서명및날인	인	대 표	서명및날인			인
	등 록 번 호		전화	등 록 번 호			전화	
	소 속 공 인 중 개 사	서명및날인	인	소 속 공 인 중 개 사	서명및날인			인

일례로 2023년경 이른바 '전세사기' 문제가 사회적 이슈로 불거지자, 한국공인중개사협회에서 임대인의 체납 세금이 없는 사실을 고지하는 의무를 명시하는 등 내용을 담은 특약 추가를 회원 중개사들에게 배포하기도 했습니다. 특약의 표준화가 이루어져 있고, 표준화된 특약은 시대 변화에 맞춰 최신화되고 있는 것입니다.

SOLD

계약 이행의 책임을 무겁게 하는 방법: '위약벌' 규정의 활용

계약금은 계약상 별도 약정을 두지 않아도 '어느 당사자든 계약 이행의 착수에 이르지 않았을 때(매수인이 중도금을 납입하지 않았을 때) 계약을 파기할 수 있는 기준 금액'인 해약금으로 여겨진다는 점을 비롯해, 계약금을 위약금, 즉 '계약 파기의 책임이 있는 당사자에 대해 다른 상대방이 물을 수 있는 손해배상액의 예정'으로 여기기 위해서는 별도 약정을 두어야 한다는 점을 앞서 설명했습니다.

해약금과 위약금 외 '위약벌'이라는 개념이 있습니다. 위약벌은 계약을 위반한 당사자에 대해 제재로 이루어지는 부과금으로, 계약을 어긴 당사자에게 다른 상대방이 청구할 수 있는 '벌칙금'입니다. 쉽게 표현하면, 위약벌은 계약 위반 자체에 대해 '벌'로써 물을 수 있는 책임 금액입니다.

위약벌의 포인트는 위약금과 별도로 책임이 있는 당사자에게 물을 수 있다는 점, 위약금과 달리 당사자 간의 약속을 존중해 원칙적으로 법원에 의한 감액이 인정되지 않는다는 점입니다. 계약을 강제하기 위한 주지 조건으로 위약금을 아무리 높게 설정해도 분쟁이 발생하고 소송에 이르게 되었을 때 법원이 살펴 이를 감액할 수 있는 한계가 있다면, 위약벌은 그와 같은 제한이 없습니다. 위약벌도 법원에 의한 감액이 이루어질 수 있느냐가 쟁점으로 대두되는 경우가 많은데, 대법원은 최근 전원합의체 판결로 '감액될 수 없다'는 기존 입장을 유지했습니다(대법원 2022. 7. 21. 선고 2018다248855, 248862 전원합의체 판결).

위약금과 별도로 위약벌을 설정해둘 때 특약사항에 '당사자 일방이 계약을 위반할 경우, 그 위반에 따른 책임으로 일정 금액을 위약벌로 부담하고, 대상 위약벌은 계약 위반에 따라 발생한 손해배상책임과 별도로 인정되는 것'이라고 위약벌 설정에 추후 이견 없도록 명시해두어야 합니다.

단, 위약벌을 설정해둔다고 언제나 인정되는 것은 아닙니다. 과도한 위약벌 설정 시에 법원은 무효로 판단해 효력을 제한하고 있기 때문입니다. 법원은 단순히 위약벌 액수가 크다고 해서 무조건 과도하다고 보지는 않습니다. 계약의 내용과 위약벌 금액이 정해진 배경과 상황 등을 함께 고려해 효력이 있는지를 판단합니다.

통상의 부동산 매매 거래에 있어 계약상 위약벌 조항을 두는 경우가 흔하지는 않습니다. 하지만 거래상 책임을 묻는 강력한 조항이다 보니 반드시 이루어져야 하는 거래일 때 주지 차원에서 특약에 설정해두는 방편으로 활용되고는 합니다. 매수인 측의 대금 지급이 불안한 경우에 거래 이행을 강제하는 수단으로 위약벌 특약을 활용하되,

법적인 하자가 없도록 적정 범주로 설정하도록 합시다.

SOLD
모든 특약이 법률상 유효하지 않음에도, 특약을 기재하는 이유

부동산 매매계약에 있어 특약의 중요성이 강조되다 보니, 특약 만 능주의로 흘러가는 경향이 있습니다. '유리한 내용을 특약에 써두면 되는 것 아니냐'는 태도입니다. 그러나 특약사항이 모두 법적 효력을 갖는 것은 아닙니다.

계약 자유의 원칙에 따라 반사회적이거나 위법, 불법이 아닌 쌍방이 합의한 특약은 계약의 조항으로 유효합니다. 하지만 당사자 의사에 앞서 법이 우선해 적용되는, 이른바 '강행규정'에 위반하는 특약은 무효입니다. 이러한 법의 태도는 계약 당사자 간에 힘의 차이가 클 때, 특히 약자가 불리하지 않도록 더 엄격하게 적용합니다. 특히 「주택임대차보호법」 내지 「상가건물임대차보호법」은 '법에 정한 내용을 위반해 임차인에게 불리한 약정은 효력이 없다'고 규정해 강행규정성을 명시하고 있습니다.

아이러니하게도 '그럼에도 불구하고 특약으로 명시하라'고 대부분 이야기합니다. 물론 '법률상 효력이 없거나 일부 제한될 수 있다는 점을 알고 계시라'를 바탕에 둔 의견입니다.

효력이 제한적일지도 모르는 특약을 기재하는 이유는 여러 가지가 있습니다. 계약 당사자에게 특정 사항에 대한 주의를 환기시키고 인식을 높이는 효과를 꾀할 수 있는 점, 분쟁 발생 시 당사자 간의 의도와 합의사항을 추정하는 증거자료로 활용될 수 있는 점, 법적 효력이 없더라도 심리적 압박을 통해 계약 이행을 유도하는 간접적 효과를 기대할 수 있는 점 등입니다.

효과적인 특약 작성은 어떻게 해야 할까요? 먼저 모호한 표현이나 해석에 따라 의미가 달라질 수 있는 다의적 표현은 피하고, 누구나 쉽게 이해할 수 있도록 간결하면서 정확하게 작성해야 합니다. 예를 들어 '잘 협조한다'와 같은 모호한 표현 대신, '잔금일 오전 11시까지 모든 짐을 비우고 비밀번호를 인계한다'처럼 구체적인 행위를 명시해 해석의 여지를 없애야 합니다.

또 특약사항은 구체적이고 명확한 조건과 결과를 명시해야 하며, 추상적이거나 일반적인 표현보다는 구체적인 행위와 그에 따른 책임을 명시해야 합니다. 예를 들어 '누수 문제가 생기면 책임진다'가 아니라, '매도인의 하자담보책임은 잔금일로부터 3개월 이내에 통지된 누수에 한하며, 그 외의 시설물에 대해서는 책임을 지지 않는다. 책임 범위는 누수 지점의 원상복구 비용에 한정한다'와 같이 책임의 기간, 대상, 범위를 구체적으로 명시하면 매도인의 부담을 최소화할 수 있습니다.

마지막으로, 특약사항 간의 상호 충돌이나 모순이 발생하지 않도록 전체적인 일관성을 유지해야 합니다. 계약 당사자의 지위와 협상력을 고려해 일방에게 지나치게 불리한 조건은 피하고, 상호 균형적인 권리와 의무를 설정하는 것이 좋습니다.

계약 종료와 관련된
법적 절차

SOLD

계약 종료의 의미:
계약의 취소, 해제, 해지

부동산 매매계약에서 계약이 종료되는 방식에는 취소, 해제, 해지라는 3가지 주요 개념이 있습니다. 각각은 법적으로 다른 의미와 효과를 가집니다.

'계약 취소'는 계약 성립 당시부터 하자가 있었던 경우에 그 계약을 처음부터 없었던 것으로 만드는 것으로, 미성년자의 계약, 사기나 강박에 의한 계약, 착오에 의한 계약 등이 대표적인 취소 사유에 해당

합니다. 계약이 취소된 경우 계약은 무효화되어 처음부터 존재하지 않았던 것으로 보는데, 계약을 바탕으로 주고받은 모든 금전이나 물건 등은 원상회복되어야 합니다.

'계약 해제'는 일단 유효하게 성립한 계약을 소급해 소멸시키는 일방적인 의사표시로, 계약이 처음부터 없었던 것과 같은 효과를 발생시키는 개념입니다. 해제는 매매계약과 같은 일시적 계약관계에서 주로 사용되며, 소급한다는 것은 법률 요건의 효력이 발생하기 전으로 거슬러 올라간다는 뜻으로 계약에 따라 이루어진 것들을 무효화합니다.

'계약 해지'는 계속적인 계약을 장래에 향해 실효시키는 것으로, 임대차계약과 같은 계속적 계약관계에서 사용되며 장래에 대해서만 효력을 상실시킵니다. 해지는 해제와 달리 소급효과가 적용되지 않습니다. 따라서 계약이 해지되더라도 기존 계약의 법률효과는 유효하게 인정되고 장래에 대해서만 계약은 소멸됩니다.

해제와 해지는 혼동되는 경우가 많은데, 구별할 수 있는 짧은 팁은 '해지'는 구독 서비스를 중단하는 경우를 떠올리시면 됩니다. '신문 구독을 끊게 되는 경우'에는 계속적인 신문 구독을 중단하는 '해지'를 하는 것이고 그동안 구독했던 신문과 대금 지급에 영향을 미치지 않습니다.

신문 구독계약과 달리 부동산 매매계약은 계속적인 계약이 아니라 매수인의 매매대금의 지급과 매도인의 부동산의 소유권 이전을 주된 내용으로 두는 일회로 마쳐지는 성격의 계약이므로, 부동산 매매계약은 '해제'될 수 있는 것이지, '해지'될 수는 없습니다.

계약 취소 사유 및 효과

부동산 계약은 한번 체결되면 반드시 지켜야 하는 것이 원칙이지만, 예외적으로 계약 과정 자체에 중대한 흠이 있었을 경우 그 계약을 '취소'해 처음부터 없었던 일로 만들 수 있습니다.

많은 사람이 계약 취소는 잔금을 치르기 전에만 가능하다고 생각하지만, 법적으로는 잔금 납부와 소유권 이전 등기가 모두 끝난 후에도 취소 사유가 발견된다면 계약 전체를 무효로 되돌릴 수 있습니다. 거래가 끝났다고 생각하고 있던 때도 계약은 취소될 수 있다는 뜻입니다.

「민법」은 계약을 취소할 수 있는 경우로 미성년자 등 제한능력자가 체결한 계약, 계약의 중요 내용에 대해 착오가 있던 경우, 상대방의 사기에 의한 계약, 협박 등 강박에 의한 계약, 이렇게 4가지 경우로 한정하고 있습니다.

법에서 정한 4가지 취소 사유를 살펴보면, '설마 이런 일이 나에게 일어나겠어?'라고 생각할 수도 있습니다. 실제로 보통의 거래에서 제한능력이나 강박이 문제 되는 경우는 거의 없습니다. 하지만 매도인 입장에서 특히 주의 깊게 보아야 할 부분이 바로 '착오'와 '사기'입니다. 이 2가지는 매도인이 거래 과정에서 기본적인 원칙을 지키지 않았을 때 매수인에게 계약을 취소할 빌미를 제공할 수 있기 때문입니다.

예를 들어 집에 누수 하자가 있다는 사실을 알면서도 "전혀 문제 없다"고 이야기해 매수인과 계약을 체결하는 경우 중요한 사실을 알리지 않은 기망행위, 즉 사기에 해당할 수도 있습니다. 또한 면적이나 용도 등 부동산의 중요한 정보를 잘못 알려주어 매수인이 계약의 핵심적인 부분에 대해 착오를 일으키게 만드는 경우도 마찬가지입니다. 이는 단순히 도의적인 문제를 넘어, 매수인에게 계약 전체를 무효로 되돌릴 수 있는 취소권을 행사할 수 있게 하는 귀책이 됩니다.

결국 계약 취소의 법리는 한 가지 중요한 교훈을 줍니다. 바로 '투명하고 정직한 거래가 매도인을 지키는 가장 확실한 방법'이라는 것입니다. 당장의 이익을 위해 중요한 사실을 숨기거나 과장하기보다 있는 그대로의 정보를 제공하고 계약서에 명확히 기재하는 것이 더 큰 법적 분쟁을 예방하는 현명한 길입니다.

중요한 것은 계약이 이러한 사유로 '취소'되었을 때의 효과입니다. 계약이 취소되면 그 계약은 처음부터 존재하지 않았던 무효 상태로 돌아가므로, 양 당사자는 계약을 통해 주고받은 모든 것을 원래 상태로 되돌려 놓아야 할 의무, 즉 '원상회복 의무'를 지게 됩니다.

원상회복을 단순히 '계약금을 돌려준다'는 의미 정도로만 생각하는 경우가 많지만, 사실 그리 단순한 문제가 아닙니다. 원상회복의 핵심은 '서로에게 받은 이익 전부를 반환'하는 것입니다.

예를 들어 매수인이 계약금, 중도금, 잔금을 합쳐 5억 원을 매도인에게 지급했다면, 매도인은 5억 원 전액을 매수인에게 돌려주어야 합니다. 그런데 금전은 보유함에 따라 '이자'라는 이익이 발생합니다. 이와 관련해 계약 취소 시 중요한 법적 쟁점이 있습니다. 바로 매도인이 계약이 취소될 만한 사유를 알았는지(선의) 몰랐는지(악의)에 따라 이자 지급 의무가 달라질 수 있다는 점입니다. 만약 매도인이 취소의 원인이 되는 사실을 전혀 알지 못한 '선의'의 당사자였다면, 법원은 공평의 원칙상 이자를 지급할 의무까지는 없다고 판단하는 경향이 있습니다. 반대로 취소 사유를 이미 알고도 계약을 진행한 '악의'의 당사자라면, 받은 돈 5억 원에 민사상 연 5%에 해당하는 법정이자를 가산해 반환할 의무를 부담합니다.

또한 매수인이 이미 부동산을 인도받아 사용하고 있었다면, 그 사용으로 인해 얻은 이익, 즉 해당 기간의 월세에 상응하는 수준의 금액을 계산해 매도인에게 반환해야 합니다. 결국 계약 취소는 양 당사자 모두에게 계약 이전 상태로 돌아가기 위한 복잡한 정산 과정과 그에 따른 경제적 부담을 안겨주는 절차임을 기억해야 합니다.

계약 해제 사유:
합의해제, 약정해제, 법정해제

잔금까지 모두 치르고 등기 서류를 넘겨주면, 모든 거래가 끝났다고 생각하기 쉽습니다. 하지만 법적으로는 계약이 완전히 이행되기 전 단계에서 일정한 사유가 발생하면 체결했던 계약이 처음부터 없었던 일로 돌아가는 '계약 해제'가 이루어질 수 있습니다. 앞서 살펴본 '계약 취소'가 계약 성립 과정 자체의 흠을 문제 삼는 것이라면, '계약 해제'는 일단 유효하게 성립된 계약을 나중에 발생한 사유로 되돌리는 것입니다. 계약 해제는 크게 3가지 유형으로 나눌 수 있습니다.

부동산 매도 불변의 법칙

첫 번째는 당사자 쌍방이 합의해 계약을 해제하는 '합의해제'입니다. 이는 가장 평화로운 계약 종료 방식이라고 할 수 있습니다. 어느한쪽의 잘못 때문이 아니라, 매도인과 매수인 양측이 "서로의 사정을 고려해 이 계약은 없던 일로 합시다"라고 자유로운 의사로 약속하고 계약을 종료시키는 것입니다. 합의해제는 해제권의 유무를 불문하고 당사자 간 합의에 따라 기존 계약의 효력을 소멸시키는 새로운 계약으로 봅니다.

두 번째는 계약서에 미리 정해둔 조건이 발생했을 때 계약을 해제하는 '약정해제'입니다. 이는 계약 체결 당시에 장래에 발생할지 모를 특정 상황에 대비해 일종의 '탈출 조항'을 마련해두는 것입니다. 가장 대표적인 예시가 바로 "매수인의 주택담보대출이 은행 심사에서 승인되지 않으면 본계약은 무효로 하고, 매도인은 계약금을 전액 반환한다"는 대출 협조 특약입니다. 만약 매수인이 자신의 고의나 중대한 과실 없이 통상적인 절차를 밟았음에도 대출 승인을 받지 못했다면, 이 약정해제 조항에 따라 계약을 해제할 수 있습니다.

마지막으로 가장 강력한 효력을 지니는 '법정해제'가 있습니다. 법정해제는 어느 한쪽 당사자가 정당한 이유 없이 계약상의 핵심적인 의무를 이행하지 않았을 때, 즉 채무불이행을 했을 때 법의 규정에 따라 상대방이 일방적으로 계약을 해제하는 것을 의미합니다. 매도인 입장에서는 매수인이 약속한 날짜에 중도금이나 잔금을 지급하지 않는 '이행지체'가, 매수인 입장에서는 매도인이 소유권 이전을 거부하거나 부동산 가압류 등을 해결해주지 않는 경우가 대표적인 법정해제 사유입니다.

이처럼 부동산 계약의 해제는 그 사유에 따라 당사자들의 희비가 엇갈리는 결과를 낳습니다. 따라서 계약서 작성 단계부터 해제 사유에 관한 조항을 꼼꼼히 검토하고, 분쟁 발생 시에는 이것이 3가지 유형 중 어디에 해당해 해제권을 행사할 수 있는지 살펴두어야 합니다.

통상의 해제 사유

부동산 매수자 사유에 의한 해제는 주로 매수인의 자금 조달 능력이나 계약 이행 의지와 관련된 문제들로 발생합니다. 가장 흔한 사유는 잔금 지급 불이행으로 인한 이행지체로, 매수인이 약정된 잔금 지급일에 대금을 지급하지 못하는 경우입니다. 대출 승인 실패 등 계약조건 미충족도 중요한 해제 사유가 되며, 이는 특히 대출을 전제로 한 매매계약에서 빈번하게 발생하는 문제입니다.

만약 계약서상 매수인의 대출 실패에 대한 계약해제권 부여 등 특약이 없고 통상의 경우처럼 계약금을 위약금으로 보는 조항이 계약서상 있다면, 매도인은 계약을 해제함과 동시에 위약금의 성격을 갖는 계약금을 반환하지 않고 몰취할 수 있습니다. 위약금과 관련해서는 이어지는 내용에서 설명하겠습니다.

부동산 매도자 사유에 의한 해제는 주로 매도인의 소유권 이전 능력이나 대상 부동산의 권리관계와 관련된 문제들로 발생합니다. 소유권 이전 등기에 필요한 서류를 제공하지 않거나 서류에 하자가 있는 경우 매도인의 기본적인 계약 이행 의무 위반에 해당하며, 이로 인해 매수인이 해제권을 행사할 수 있습니다. 대상 부동산에 가압류 등 권리관계 하자가 발생한 경우에도 매도인은 이를 해결할 의무가 있으며, 해결하지 못할 경우 매수인의 해제 사유가 됩니다. 매도인이 명시적으로 이행 거부 의사를 표시하는 경우에는 최고(이행을 요구하는 통지) 없이도 즉시 해제권을 행사할 수 있습니다.

이때 매수인은 자신이 지급했던 계약금의 배액을 상환받을 수 있으며, 마찬가지로 계약 해제로 인해 발생한 이사 비용 등 추가적인 손해에 대해서도 배상을 청구하는 것이 가능합니다.

계약 해제 효과

계약이 해제되면 그 계약은 처음부터 없었던 상태로 돌아갑니다. 이때 발생하는 법적 효과는 크게 '원상회복'과 '손해배상' 2가지로 나눌 수 있으며, 이는 해제의 종류에 따라 적용 여부와 내용이 달라집니다. 매도인 입장에서는 금전적인 결과가 달라지므로, 유형별 차이를 알아두면 좋습니다.

'합의해제'의 경우 양 당사자가 서로 합의해 계약을 없던 일로 하는 것이므로, 어느 한쪽의 잘못을 따지지 않는 것이 기본입니다. 따라서 주고받은 것을 모두 돌려주는 '원상회복'은 해야 하지만 잘못에 대한 대가인 '손해배상'은 원칙적으로 발생하지 않습니다. 합의해제의 경우에는 해제·해지에 관한 「민법」 제543조 이하의 규정, 특히 손해배상과 관련한 제551조가 적용되지 않기 때문입니다(대법원 1979.

10. 30. 선고 79다1455 판결 참조). 매도인은 받은 계약금과 중도금을 매수인에게 돌려주면 되고, 이때 합의해제의 경우에는 당사자 간에 약정이 없는 이상 법정이자를 가산할 의무가 없습니다. 다만 계약자유의 원칙에 따라 당사자 간의 합의 내용이 법률 규정보다 우선하므로, 합의 과정에서 "계약금은 돌려주되, 그동안의 수고비 조로 100만 원을 지급한다"와 같이 별도의 조건을 정했다면 그 합의가 우선합니다.

'약정해제'의 경우 원칙상 손해배상을 청구할 수 없으나, 경우에 따라 여부가 달라질 수 있습니다. 예를 들어 "매수인의 대출이 실행되지 않을 시, 본 계약은 해제되고 매도인은 매수인에게 계약금을 반환한다"는 내용으로 약정했다면, 매도인은 받은 계약금만 그대로 돌려주면 되고, 계약이 해제되었다는 이유로 매수인에게 별도의 손해배상을 요구할 수는 없습니다. 하지만 약정해제의 경우에도 그 해제 사유가 상대방의 채무불이행인 경우에는 「민법」 제551조에 따라 손해배상청구가 가능하고, 상대방에게 고의 또는 과실이 있어 손해가 발생했다면 같은 법 제390조에 따른 손해배상책임이 인정될 수 있습니다. 다만 상대방에게 고의 또는 과실이 없는 경우에는 자기책임의 원칙에 따라 손해배상책임을 지지 않습니다.

'법정해제'는 상대방의 채무불이행이라는 명백한 잘못을 원인으로 하므로, 가장 강력한 효과가 발생합니다. 당연히 '원상회복' 의무가 발생하며, 추가로 잘못을 저지른 상대방에게 '손해배상'까지 청구할 수 있습니다. 이는 「민법」 제551조에 따라 계약 해제와 손해배상은 별개의 구제수단으로 여겨지기 때문입니다. 매도인 입장에서는 매수인의 잔금 미지급으로 계약을 법정해제할 경우 계약금을 위약금으로 가져가는 방식으로 손해배상을 받는 것이 일반적입니다.

부동산 매매계약의 해제로 인해 발생하는 효과는 결국 해제 과정에서 이루어지는 매매대금의 정산이나 손해배상의 문제입니다. 부동산 계약에서는 '계약금'이라는 돈이 가장 먼저 오고 가지만, 이 돈은 상황에 따라 '해약금', '위약금', '위약벌' 등 전혀 다른 의미를 가질 수 있습니다. 각 개념에 대해서는 앞서 계약금 부분에서 정리를 마친 만큼 복기하는 차원에서 간략히만 확인하겠습니다.

'해약금'은 계약금의 가장 기본적인 성격으로, 별다른 약정이 없어도 인정됩니다. 이는 중도금 지급과 같은 계약 이행에 착수하기 전까지, 어느 한쪽의 잘못이 없어도 매수인은 계약금을 포기하고, 매도인은 그 배액을 상환해 계약을 자유롭게 해제할 수 있는 돈을 의미합니다.

'위약금'은 계약서에 "계약 위반 시 계약금을 위약금으로 한다"와 같은 특약이 있을 때 인정되며, 이는 계약 위반에 따른 손해배상액을 미리 정해두는 것입니다. 이 경우 손해배상은 약정된 위약금으로 한정되지만, 법원은 그 금액이 과다하다고 판단하면 직권으로 감액할 수 있습니다.

마지막으로 '위약벌'은 손해배상과는 별개인 순수한 '벌칙금'입니다. 따라서 계약 위반자는 위약벌을 지급해야 하고, 그와는 별도로 실제 발생한 손해까지 모두 배상해야 하는 이중의 책임을 집니다. 위약벌은 원칙적으로 법원이 감액할 수 없어 계약 이행을 강제하는 매우 강력한 수단이지만, 그 금액이 사회질서에 반할 정도로 과도하면 예외적으로 무효가 될 수 있습니다.

계약을 해제하는 경우

매수인의 계약 해제

매수인이 계약을 해제하는 경우는 크게 2가지로, '자신의 단순한 변심으로 해제하는 경우'와 '매도인의 계약 위반을 이유로 해제하는 경우'로 나눌 수 있습니다.

매수인은 개인적인 사정으로 계약을 그만두고 싶을 때, 「민법」 제565조에 따라 자신이 지급했던 계약금을 포기하는 조건으로 계약을 일방적으로 해제할 수 있습니다. 이는 매수인에게 주어진 권리이지만, '계약 이행에 착수하기 전까지만' 가능하다는 중요한 시간적 제한이 따릅니다. 여기서 계약 이행의 가장 대표적인 기준점이 바로 '중도금 지급'입니다. 따라서 매수인이 중도금의 일부라도 지급한 후에는 더 이상 계약금을 포기하는 방식으로는 계약을 해제할 수 없게 됩니다.

여기서 많은 사람이 혼동하는 중요한 점이 있습니다. 바로 계약금의 일부만 지급한 상태에서 계약을 해제하는 경우입니다. 이때 해약금의 기준은 실제로 지급한 금액이 아니라, 계약서에 약정한 계약금 총액이 됩니다. 예를 들어 계약서상 계약금이 1억 원인데 그중 5천만 원만 매도인에게 지급한 상황을 가정해보겠습니다. 이 상태에서 매수인이 계약을 해제하고 싶다면, 이미 지급한 5천만 원을 포기하는 것만으로는 부족합니다. 약속된 해약금 기준인 1억 원을 채우기 위해 나머지 5천만 원을 매도인에게 추가 지급해야만 비로소 계약을 완전히 해제할 수 있는 것입니다.

한편 매수인의 변심이 아닌 매도인의 잘못으로 계약을 더는 진행할 수 없을 때도 매수인은 계약을 해제할 권리가 있습니다. 이는 매도인의 채무불이행에 따른 법정해제권 행사로서, 매수인을 보호하는 매우 강력한 구제수단입니다.

대표적인 사유로는 매도인이 명시적으로 계약 이행을 거부하거나, 소유권 이전 등기를 해주지 않는 경우, 또는 부동산에 설정된 가압류 등의 권리 제한 문제를 해결해주지 않아 완전한 소유권을 넘겨줄 수 없는 상태에 빠진 경우 등이 있습니다. 이러한 매도인의 책임 있는 사유가 발생하면, 매수인은 잔금 지급일이 되기 전이라도 즉시 계약 해제를 통보하고 그에 따른 손해배상을 청구할 수 있습니다.

이때 손해배상의 기준은 통상적으로 계약서에 명시된 위약금 약정에 따릅니다. 대부분 부동산 계약서에 표준조항처럼 계약금을 위약금으로 보는 내용이 기재되고 있으므로, 매수인은 매도인으로부터 자신이 지급한 계약금과 별도로 그와 동일한 금액을 위약금 성격으로 추가해 받을 수 있습니다.

특히 부동산에 가압류가 설정된 경우는 실무상 자주 문제가 됩니다. 매도인은 잔금 지급일까지 가압류를 말소해 매수인에게 아무런 제한이 없는 완전한 소유권을 이전해줄 의무가 있습니다. 만약 매도인이 이 의무를 이행하지 못한다면, 매수인은 "매도인이 가압류 문제를 먼저 해결할 때까지 잔금을 지급할 수 없다"고 주장하며 자신의 의무 이행을 거절할 정당한 권리를 갖게 됩니다.

매도인의 계약 해제

매도인이 계약을 해제하는 경우 역시 크게 자신의 변심으로 해제하는 경우와 매수인의 계약 위반을 이유로 해제하는 경우, 2가지 상황으로 나누어 볼 수 있습니다.

매도인이 개인적인 사정으로 계약을 없던 일로 하고 싶을 때도 그 길은 열려 있습니다. 하지만 이는 매수인의 경우보다 훨씬 무거운 경제적 부담을 감수해야 하는 구조로 되어 있어 신중한 판단이 필요합니다. 매도인은 법에 따라 자신이 받은 계약금의 두 배를 매수인에게 돌려주는 조건으로 계약을 해제할 수 있습니다.

예를 들어 10억 원짜리 아파트 계약에서 계약금으로 1억 원을 받았다면, 매도인은 이미 받은 1억 원에 자신의 돈 1억 원을 더한 총 2억 원을 매수인에게 지급해야 계약을 해제할 수 있습니다. 집값이 단기간에 2억 원 이상 오르지 않는 한, 매도인으로서는 선뜻 결정하기 어려운 금액입니다. 이처럼 무거운 배액 상환 책임은 계약의 구속력을 높여, 매도인이 더 좋은 조건의 매수자가 나타났다는 이유만으로 쉽게 계약을 파기하는 것을 방지하는 효과를 가져옵니다.

반면 매도인 자신의 변심이 아니라 매수인의 계약 위반을 이유로 계약을 해제하는 상황도 있습니다. 매수인이 정해진 날짜에 잔금을 지급하지 않는 것이 가장 대표적인 예입니다.

이때 많은 사람이 '매수인이 약속을 어겼으니 계약금은 당연히 매도인의 것'이라고 생각하지만, 법적으로는 반드시 그런 것은 아니라는 점을 유의해야 합니다. 계약금 몰취 여부는 계약서에 '위약금 특약'이 있는지에 따라 그 효과가 완전히 달라지기 때문입니다. 위약금 조항이 없다면 원칙상 매도인은 계약을 해제할 수는 있어도 원상회복 원칙에 따라 계약금을 매수인에게 돌려주어야 합니다. 물론 이 경우에도 계약 위반으로 발생한 실제 손해를 별도로 증명해 손해배상을 청구할 수는 있지만, 그 과정이 훨씬 복잡하고 어렵습니다. 다만 표준 계약서와 같이 대다수 부동산 계약서에는 '계약금을 손해배상의 기준'으로 보는 위약금 조항이 마련되어 있으므로 과도한 걱정은 하지 않아도 됩니다.

매수인이 잔금 지급을 지체하는 경우

매도인은 매수인이 잔금일에 잔금을 지급하지 않았을 경우, 잔금 이행을 못 하는 경우와 안 하는 경우로 나뉘게 됩니다. 전자라면 대출 실행 문제 등 부득이한 경우가 많아 당사자 간 협의로 지급 기한을 조정한다든지 등의 방법을 고려해볼 수 있을 것이나, 후자일 때는 매수인의 단순 변심 또는 시장 변동으로 계약 체결 시점과 잔금 이행 시점에서의 가격 하락으로 인한 경우로 분쟁을 각오할 수밖에 없습니다.

매도인 입장에서는 매수인의 잔금 이행이 되지 않았다면 이유 여부를 떠나 2가지 선택지를 방안으로 고려할 수 있습니다. 매도인에게 계약에 따라 잔금 이행을 청구하는 방안과, 채무불이행에 따른 계약 해제권을 행사하는 방안입니다.

잔금 이행을 청구하는 방안은 법률상 매도인은 매수인이 이행을 지체한 잔금 지급에 대해 잔금일 다음 날부터 발생하는 지연손해금과 함께 청구할 수 있는 점을 바탕에 둡니다. 지연손해금은 계약상 별도 약정한 이율이 있다면 해당 이율을, 그러한 이율이 없다면 법정 이

자율에 따라 연 5% 내지 연 6%가 적용됩니다.

간혹 매수인 측에서 "계약금을 포기할 테니 취소해달라"는 당당한 요구를 받는 경우도 있지만, 앞서 확인했듯 '이행의 착수', 즉 중도금 납입이 이루어진 이후 양 당사자는 계약금의 포기나 배액 상환으로 계약을 해제할 수 없습니다. 계약은 지켜져야 한다는 원칙으로 돌아와, 계약상 법률상 해제권이 없는 매수인은 매도인 의사와 상관없이 잔금을 납입할 의무에서 벗어날 수 없습니다. 매도인은 매수인에게 이행지체 상태 및 지연손해금이 발생되고 있음을 고지하고 잔금 납입을 독촉할 수 있으며, 이행되지 않을 경우 매매대금을 청구하는 민사소송 진행을 고려해볼 수 있습니다.

계약 해제권을 행사하는 방안은 통상 매매계약서상 "당사자 일방이 계약상 내용에 대해 불이행할 경우 다른 당사자는 그 일방 당사자에 대해 이행을 최고하고 계약을 해제할 수 있다"는 취지의 계약상 조항 또는 「민법」 제544조의 "당사자 일방이 그 채무를 이행하지 아니한 때에는 상대방은 상당한 기간을 정해 그 이행을 최고하고 그 기간 내에 이행하지 아니한 때에는 계약을 해제할 수 있다. 그러나 채무자가 미리 이행하지 아니할 의사를 표시한 경우에는 최고를 요하지 아니한다"라는 규정을 바탕으로, 매수인에게 일정한 기한을 두고 잔금 이행을 독촉하고, 그 기한까지 이행이 이루어지지 않았을 때 계약을 해제하는 의사표시를 매수인에게 해서 계약을 해제하는 것입니다.

이는 "○○월 ○○일까지 잔금을 지급해주시기 바라며, 만약 그때까지 이행하지 않으시면 별도의 통보 없이 본계약을 해제하겠습니다"라는 내용의 통지를 해서 매수인에게 마지막 기회를 주는 것을 의미합니다. 이 기간이 지나도록 매수인이 의무를 이행하지 않았을 때, 비로소 매도인의 계약 해제권이 효력을 갖게 됩니다.

매도인은 계약 해제권을 행사함으로써 매수인으로부터 손해를 배상받을 수 있습니다. 원칙상 손해배상의 금액은 그 손해를 청구하는 사람이 발생한 손해를 증명해 청구해야 하지만 통상 매매계약서상 "계약금을 손해배상의 기준으로 본다"는 취지로 조항을 두고 있고, 이는 계약 위반 시 상대방에게 지급해야 하는 손해배상액을 미리 정해놓는 '위약금 조항'에 해당합니다.

손해배상액의 예정인 위약금에 대해 규정하는 「민법」 제389조에서는 제4항에 "위약금의 약정은 손해배상액의 예정으로 추정한다"고 규정함으로써 계약 위반에 따른 손해액 산정과 증명에 어려움 없이 약정된 위약금을 청구할 수 있도록 하고 있습니다. 즉, 매수인 책임으로 계약이 해제될 경우 매도인은 다른 조치가 없더라도 계약금을 위약금으로 삼아 몰취할 수 있습니다.

SOLD

계약 해제 의사표시 방법

계약 해제는 상대방에 대한 의사표시로 하며, 이 의사표시는 상대방의 승낙 없이는 철회할 수 없는 일방적 의사표시의 성격을 갖습니다. 여기서는 '철회할 수 없음'에 주의가 필요합니다. 상대방에게 계약을 해제하겠다고 의사를 밝히기 전에 이를 번복할 수 없음을 항상 명심해야 합니다. 즉, 계약을 해제하겠다는 종국적인 결정을 마쳤을

내 용 증 명

발신인
성　　명: 홍길동 (매도인)
주　　소: [홍길동 주소]
연 락 처: [홍길동 연락처]

수신인
성　　명: 이방자 (매수인)
주　　소: [이방자 주소]
연 락 처: [이방자 연락처]

제 목: 부동산 매매계약 해제 통보의 건

1. 귀하의 무궁한 건강과 평안을 기원합니다.

2. 발신인과 귀하는 2025년 1월 1일에 '서울특별시 □□구 □□동 □□□-□□, 제□□□
   호' 부동산에 대하여 매매대금 3억 원으로 하는 부동산 매매계약을 체결한 사실이 있습
   니다. 계약에 따라 계약금 3천만 원은 계약 당일 지급, 중도금 1억 원은 2025년 2월 15
   일에 지급, 잔금 1억7천만 원은 2025년 4월 30일에 지급하기로 합의하였습니다.

3. 발신인은 위 매매계약에 따라 잔금 지급기일에 소유권 이전에 필요한 제반 서류를 모두
   준비하고 귀하에게 잔금 지급의무를 이행할 것을 최고하였고, 나아가 상당한 기간을 정
   하여 수차례(2025년 5월 30일, 2025년 6월 30일 각 2회 기한 부여) 잔금 이행을 독촉
   하였으나, 귀하는 약정된 잔금 지급기일이 경과한 현재까지 아무런 법적 근거 없이 잔금
   지급 의무를 이행하지 않고 있습니다. 이는 매매계약의 중대한 위반에 해당합니다.

4. 이에 발신인은, 귀하의 채무불이행을 사유로 본 통고서의 도달로써 위 부동산 매매계약
   을 적법하게 해제함을 통보하는 바입니다.

5. 본 계약이 귀하의 귀책사유로 해제되었으므로, 매매계약(특약사항) 제□조에 따라 귀하
   가 지급한 계약금 3천만 원은 위약금으로 발신인에게 귀속되며 반환되지 않음을 고지합
   니다. 기수령 중도금에 대하여는 귀하에게 반환하고자 하오니, 발신인 연락처를 통하여
   반환할 귀하의 계좌 정보를 전달하여 주시기 바랍니다.

6. 본 계약 해제로 인하여 발신인에게 위약금을 초과하는 손해가 발생할 경우, 이에 대한
   별도의 손해배상을 청구할 수 있음을 알려드립니다.

2025년 7월 15일

발신인　홍 길 동 (인)

때만 표시해야 하는 것입니다.

계약 해제의 의사표시 방법은 그 제한이 없습니다. 구두로 밝히든 또는 문서를 통해 전달하든 의사가 전달되면 상관없습니다. 다만 향후 분쟁을 예방하기 위해서 증명하기 편한 수단으로 의사표시를 마쳐두는 것이 좋습니다.

주로 권장되는 것은 내용증명 우편을 통한 서면 통지입니다. 내용증명 우편은 발송인이 어떤 내용의 문서를 언제 누구에게 보냈는지를 우체국이 공적으로 증명해주는 특수 우편 서비스입니다. 쉽게 말해 '내가 이런 내용의 편지를 보냈다'는 사실을 우체국이 보증해주는 제도라고 생각하면 됩니다.

내용증명은 말 그대로 우편 서비스인 만큼, 내용증명을 통해 발송하는 문서에 특정한 양식이 필요하지 않습니다. 문서 안에 발송인과 수신인의 성명과 주소가 명확하게 표기된 조건만 충족하면, 특별한 경우가 아닌 이상 우체국을 통해 내용증명 우편을 보낼 수 있습니다.

따로 정해진 양식이 없는 만큼, 그 내용 작성도 자유롭게 해도 무방합니다. 다만 계약 해제를 위해 내용증명 우편을 발송하는 만큼, 해제 사유와 계약상 근거 조항이나 관련 법 조항을 구체적으로 명시하는 것이 좋습니다.

「민법」은 도달주의를 원칙으로 하고 있습니다. 이는 상대방이 있는 의사표시는 상대방에게 도달한 때 그 효력이 생긴다는 원칙입니다. 즉, 내용증명에 담긴 의사가 실제로 상대방에게 전달되어 그 내용을 알 수 있는 상태가 되어야만 효력이 발생합니다. 내용증명 우편은 우체국이 발송 사실과 내용, 그리고 수신인에게 도달했다는 사실을 증명해주므로, 만약 내용증명 우편이 상대방 측에 도달된다면 담긴 내용의 의사표시가 마쳐진 것으로 추정되므로 널리 사용되고 있는 것입니다.

내용증명 우편을 발송했음에도 불구하고 상대방에게 도달되지 않았을 때는 어떻게 될까요? 실제로도 내용증명 같은 서류를 보내도 상대방이 일부러 안 받거나 피해서 문제가 되는 경우가 종종 있습니다. 이런 경우에 대해 대법원은 중요한 판결을 내렸는데, "만약 상대방이 정당한 이유 없이 내용증명 같은 우편물 받기를 거부해서 내용을 알 수 없는 상태가 되었다면, 상대방이 수취를 거부한 시점에 이미 의사표시의 효력이 발생"한 것으로 판단했습니다(대법원 2020. 8. 20. 선고 2019두34630 판결).

당사자가 여러 명이라면 「민법」 제547조에 따라 "계약 당사자가 여러 명인 경우 해제는 전원으로부터 또는 전원에 대해" 해야 합니다. 예를 들어 부부 공동명의 부동산의 매매계약에서 해제권을 행사할 때는 매도인 부부 모두에게 해제 의사를 표시해야 하며, 매수인이 여러 명이어도 마찬가지로 전원에 대해 해제 의사를 표시해야 합니다. 일부 당사자에 대해서만 해제 의사를 표시하는 것은 법적 효력이 없으므로, 모든 계약 당사자를 대상으로 해제 절차를 진행해야 함에 유의해야 합니다.

부동산 매도 불변의 법칙

법적 분쟁 발생 시
대처 방안

SOLD

이미 시작된 분쟁을 마치는 현명한 방법:
소송은 최후의 해결 수단

부동산 거래 과정이 늘 순탄하게 마무리되는 것은 아닙니다. 때로는 양측의 입장이 첨예하게 대립해 법적 분쟁으로 이어지기도 합니다. 이러한 분쟁은 당사자들에게 큰 경제적, 정신적 부담을 안겨주지만, 어떻게 대처하는지에 따라 그 결과는 크게 달라질 수 있습니다.

분쟁이 발생했다고 해서 곧바로 소송을 떠올리는 것은 바람직하지 않습니다. 소송은 시간과 비용이 많이 들고 감정 소모가 극심할 수밖에 없으며 결과를 예측하기 어렵기 때문입니다. 설령 승소하더라도 그 결과를 실제로 이행받는 과정에서 또 다른 어려움에 부딪힐 수 있습니다. 따라서 소송은 다른 모든 방법이 실패했을 때 선택하는 최후의 해결 수단으로 생각하는 것이 현명합니다.

가장 먼저 시도해야 할 것은 당사자 간의 직접적인 대화와 협상입니다. 감정적인 대응을 자제하고 문제의 핵심을 파악해 서로 한 걸음씩 양보할 수 있는 지점을 찾아보는 노력이 필요합니다. 만약 직접 협상이 어렵다면, 법원의 조정이나 대한상사중재원의 중재와 같은 '대안적 분쟁 해결 제도(ADR)'를 활용하는 것도 고려해볼 법합니다. 이러한 절차는 소송에 비해 시간과 비용을 절약할 수 있으며, 당사자들의 관계를 완전히 파탄시키지 않고도 합리적인 해결책을 모색할 수 있다는 장점이 있습니다.

소송과 중재 사이의 선택은 분쟁의 성격, 당사자들의 상황, 예상되는 결과 등을 종합적으로 고려해 결정해야 합니다. 소송의 장점으로는 법원의 강제력 있는 판결을 받을 수 있고, 상급심을 통한 구제 절차가 마련되어 있으며, 판결에 대한 강제집행이 가능하다는 점이 있습니다. 또한 소송 과정에서 증거조사 권한이 강력해 상대방의 은닉 자료를 확보할 수 있는 경우도 있습니다.

중재는 부동산 전문가를 중재인으로 지정해 판단을 받을 수 있고, 과정이 비공개로 진행되어 개인의 사생활이나 사업상 비밀을 보호할 수 있습니다. 다만 중재는 단심제로 끝나 상급심을 통한 불복이 어렵다는 점을 고려해야 합니다. 어떤 방식을 선택할지는 분

부동산 매도 불변의 법칙

쟁의 성격과 상황을 종합적으로 고려해 신중하게 결정해야 합니다.

SOLD

소송이 진행될 경우,
승소를 위한 점검

소송 전 준비사항: 계약 검토, 계약 과정 복기, 증거 취합 후 법률 검토

만약 소송이 불가피해졌다면, 그 승패는 얼마나 철저하게 사전 준비를 했는지에 따라 결정된다고 해도 과언이 아닙니다. 소송에서의 승패는 철저한 사전 준비에 의해 결정된다고 할 수 있습니다.

가장 기본적이면서도 중요한 준비는 계약서를 검토하는 것입니다. 계약서의 모든 조항을 면밀히 분석해 자신에게 유리한 조항과 불리한 조항을 명확히 파악해야 합니다. 특히 특약사항, 위약금 조항, 해제 조건 등은 소송의 핵심 쟁점이 되므로 더욱 세심한 검토가 필요합니다.

다음으로 계약 체결부터 분쟁 발생까지의 모든 과정을 시간 순서대로 정리하는 계약 과정 복기 작업이 필요합니다. 이 과정을 통해 상대방의 어떤 행위가 계약 위반에 해당하는지, 혹은 자신의 행위 중 법적으로 문제가 될 소지는 없는지를 객관적으로 분석해야 합니다. 마지막으로 수집된 증거와 정리된 사실관계를 바탕으로 관련 법령과 판례를 검토해 승소 가능성을 객관적으로 평가하는 법률 검토 단계를 거쳐야 합니다.

법률 전문가가 필요한 시점

부동산 분쟁에서 전문가의 도움을 받을지, 받는다면 언제 누구의 도움을 받을지 정확히 판단하는 것은 매우 중요합니다. 비용 부담 때문에 '나홀로 소송'을 먼저 떠올릴 수도 있지만, 부동산 소송은 복잡한 법리와 증거 싸움이 얽혀 있어 법률 지식이 부족한 개인이 혼자 진행하기에는 어려움이 많습니다.

하지만 섣불리 변호사를 찾아가는 것만이 능사는 아닙니다. 최근에는 의뢰인의 절박한 마음을 이용해 과도한 승소 가능성을 제시한다든지 등 수임을 유도하는 경우도 적지 않기 때문입니다. 따라서 변호사를 활용하는 단계를 '상담 단계'와 '선임 단계'로 나누어 신중하게 접근하길 권합니다.

가장 먼저 거쳐야 할 '상담 단계'는 소송을 결심하기 전, 여러 전문가의 의견을 통해 자신의 상황을 객관적으로 진단받는 과정으로 활용해야 합니다. 설령 유료 상담 비용의 부담이 있더라도 여러 변호사와 상담해보기를 권합니다. 여러 전문가의 의견을 비교하며 교차 검증하다 보면, 내 사건의 장단점, 승소 가능성, 그리고 예상되는 비용과 기간에 대한 객관적인 시각을 가질 수 있습니다.

이 과정에서 좋은 변호사를 가려내는 눈을 기르는 것도 중요합니다. 무조건 이길 수 있다고 장담하는 변호사보다는, 불리한 점까지 솔직하게 짚어주며 현실적인 대응 전략을 제시하는 변호사가 더 신뢰할 수 있습니다. 전달한 이야기를 얼마나 경청하는지, 질문에 얼마나 성실하게 답변하는지를 통해 소통하려는 자세를 엿볼 수 있는데, 향후 업무 과정의 수월함을 가늠할 수 있을 것입니다.

부동산 매도 불변의 법칙

이렇게 충분한 상담을 통해 객관적인 상황 판단을 마쳤음에도, 소송 외에는 다른 해결 방법이 없다고 판단될 때, 비로소 '선임 단계'로 나아갑니다. 변호사 선임은 본격적으로 소송을 각오하고 싸움을 시작하겠다는 결단의 표현입니다. 특히 분쟁 상황이 복잡하거나, 상대방이 이미 변호사를 선임해 법적 공방을 예고한 경우, 다수의 이해관계인이 얽혀 있는 경우에는 망설이지 말고 변호사를 선임해 대응하는 편이 낫습니다.

변호사 선임 비용은 일반적으로 계약 시 지불하는 '착수금'과 승소 시 지급하는 '성공보수'로 구성됩니다. 상담을 진행하면서 선임 비용에 대해서도 대략적으로라도 미리 확인해두는 편이 낫습니다. 대략적인 선임 비용의 범주가 있으나 생각보다 안내받는 비용의 차이가 클 수 있습니다. 단순히 변호사 보수가 많다 혹은 적다로 판단하는 건 주의해야 합니다. '얼마나 내 사건을 성실히 수행해줄 것이냐'를 앞서 상담 과정에서 판단하는 게 필요합니다.

한편 법무사의 역할은 주로 등기 업무나 서류 작성에 한정되므로, 복잡한 법률 분쟁이나 소송을 직접 대리하는 데는 제한이 있습니다. 따라서 단순한 지급명령 신청이나 등기 관련 분쟁이 아닌 한, 소송 수행을 위해서는 변호사의 조력을 받는 것이 원칙입니다.

모든 것이 증거다

• 사실관계를 시간순으로 정확히 정리해두어라

소송에서 가장 중요한 것은 자신의 주장을 뒷받침할 수 있는 증거를 확보하는 것이며, 증명하지 못하는 사실은 법적으로 존재하지 않는 것으로 취급됩니다. 사실관계 정리는 계약 체결부터 분쟁 발생까지의 모든 과정을 시간 순서대로 상세히 기록하는 작업으로, 이는 소송 전략 수립의 기초가 됩니다. 날짜, 시간, 장소, 참석자, 대화 내용, 합의 사항 등을 구체적으로 기록해야 하며, 가능한 한 객관적인 자료로 뒷받침할 수 있도록 준비해야 합니다.

사실관계 정리 과정에서는 자신에게 유리한 사실뿐만 아니라 불리할 수 있는 사실도 빠짐없이 포함시켜야 합니다. 불리한 사실을 숨기거나 축소하려고 하면 오히려 신빙성을 잃을 수 있으며, 상대방이 이를 지적할 경우 더 큰 타격을 받을 수 있기 때문입니다. 모든 사실을 정확히 파악한 후에 이에 대한 법적 대응 방안을 마련하는 것이 올바른 접근 방법입니다.

• 증거 정리를 철저히 하라: 계약서, 관련 서류, 대화 기록 취합

핵심 증거 목록으로는 매매계약서 원본, 계약금 지급 증빙서류, 중도금 및 잔금 지급 관련 서류, 소유권 이전 등기 관련 서류, 부동산 등기부등본, 건축물대장, 토지대장 등이 있습니다. 이러한 기본 서류들은 소송의 기초가 되는 증거이므로 반드시 원본을 확보하고, 사본의 경우에도 공증이나 확정일자를 받아두는 것이 안전합니다.

대화 기록의 경우 문자메시지, 이메일, 녹음파일, 메신저 대화 내용 등을 모두 수집해야 하며, 이들 자료의 법적 증거 능력을 확보하기 위해서는 적절한 방법으로 보전해야 합니다. 특히 상대방과의 전화 통화 내용은 녹음해두는 것이 좋으며, 녹음이 어려운 경우에는 통화 직후 주요 내용을 서면으로 정리해 내용증명 우편으로 확인받는 방법도 활용할 수 있습니다.

금융 거래 기록도 중요한 증거가 되므로 통장 거래 내역, 송금 여부를 증빙할 수 있는 서류 등을 빠짐없이 수집해야 합니다. 계약금이나 중도금 지급 과정에서 현금으로 거래한 경우 영수증이나 확인서를 반드시 작성해두어야 하며, 가능한 한 금융기관을 통한 이체 방식을 이용하는 것이 증거 보전에 유리합니다.

• 유리한 증인을 확보하라: 공인중개사 등 거래 관련인들의 사실확인서 구비

증인 확보는 소송의 승패를 가를 수 있는 매우 중요한 요소입니다. 특히 부동산 거래에 참여했던 공인중개사, 대출을 실행한 금융기관 담당자 등 객관적인 제3자의 증언은 유력한 증거가 될 수 있습니다. 예를 들어 공인중개사는 계약 체결 과정을 직접 목격했으므로 당사자들의 의도나 특약사항의 해석 등 핵심 부분에 대해 증언할 수 있습니다.

증인 선정 시에는 증인의 신뢰성과 객관성을 고려해야 하며, 당사자와 특별한 이해관계가 없는 제3자의 증언이 더 높은 증명력을 가집니다. 증인이 법정 출석을 부담스러워할 경우를 대비해, 증인이 직접 보고 들은 사실만을 간결하게 기재한 '사실확인서'를 미리 받아두는 것이 중요합니다. 증인은 상대방의 회유나 압박을 받을 수 있으므로, 가능한 한 분쟁 초기에 빠르게 확보해두는 것이 좋습니다.

사실확인서 작성 시에는 증인이 직접 보고 들은 사실만을 기재하도록 하며, 추측이나 의견은 배제해야 합니다. 사실확인서에는 증인의 인적사항, 사건과의 관련성, 구체적인 목격 내용, 작성 일자 등을 명확히 기재하고, 가능한 한 증인의 날인이나 서명을 받아두어야 합니다.

다만 사실확인서는 상대방이 그 내용을 부인하면 증거가치가 떨어지는 한계가 있습니다. 그렇게 되면 소송 당사자의 신청에 의하거나, 법원의 직권 판단으로 해당 증인을 법정에 직접 출석시켜 신문하는 '증인신문' 절차가 진행될 수 있습니다. 따라서 사실확인서 확보와 더불어, 증인의 법정 출석 및 증언 과정까지 미리 염두에 둘 필요가 있습니다.

패소를 미리 감안해둘 필요도 있다

소송은 본질적으로 불확실성을 내포하고 있으므로, 승소 가능성이 높다고 판단되더라도 패소할 가능성을 배제할 수 없습니다. 패소 리스크 분석은 소송 전략 수립에서 매우 중요한 요소로, 최악의 시나리오를 미리 설정하고 이에 대한 대비책을 마련해두어야 합니다. 패소할 경우 발생할 수 있는 경제적 손실에는 소송비용, 변호사 비용, 상대방에게 지급해야 할 금액, 기회비용 등이 포함됩니다.

일반적으로 패소자가 승소자의 소송비용을 부담하는 것이 원칙이므로, 패소 시 상대방의 변호사 비용까지 부담해야 할 수 있습니다. 다만 승소하더라도 변호사 선임비용 전액을 상대방에게 청구할 수 있는 것은 아니며, 법원이 정한 기준에 따라 일정 부분만 인정받을 수 있음을 알아두어야 합니다. 이러한 점을 고려해 소송 진행 여부를 신중하게 결정해야 합니다.

소송 중에도 합의는 가능하다: 조정 중재 합의 제도의 효용

소송이 진행 중이라고 해서 당사자 간의 합의나 조정이 불가능한 것은 아닙니다. 오히려 소송 과정에서 양 당사자의 주장과 증거가 구체화되면서 합리적인 합의점을 찾기가 더 쉬워지는 경우도 많습니다.

소송이 진행됨에 따라 시간이 흘러 감정적으로 어려운 부분이 있기는 하지만 실리를 살피는 것도 중요합니다. 대한민국이 3심제를 보장하고 있지만, 3심까지 당사자끼리 다투어야만 하는 것이 아님을 떠올릴 필요가 있는 것입니다.

대안적 해결 방안도 함께 모색해야 하며, 상황에 따라 소송 진행 중에도 합의 가능성을 열어두는 것이 현명한 접근 방법입니다. 소송이 장기화될 경우 발생하는 시간과 비용, 정신적 스트레스 등을 종합적으로 고려해 적절한 선에서 합의하는 것이 오히려 더 유리한 결과를 가져올 수 있습니다. 이런 이유로 패소 가능성이 높아진다고 판단될 경우에는 조기에 합의 협상을 시작하는 것도 손실을 최소화하는 방법입니다.

법원 조정 제도는 소송 계속 중에 법원이 당사자들의 합의를 유도하는 제도로, 판사나 조정위원이 중립적인 입장에서 양 당사자의 의견을 조율해 합의안을 제시합니다. 조정의 장점으로는 비공개 진행으로 사생활 보호가 가능하고, 전문가의 조력을 받아 합리적인 해결책을 찾을 수 있으며, 당사자들의 관계를 완전히 단절시키지 않고도 분쟁을 해결할 수 있다는 점이 있습니다.

승소 판결을 받아도 끝이 아니다:
강제집행의 어려움

소송에서 승소했다고 해서 모든 문제가 해결되는 것은 아닙니다. 실제로 판결 내용을 이행받기 위해서는 별도의 강제집행 절차를 거쳐야 합니다. 강제집행의 현실적 어려움은 많은 승소자가 예상하지 못하는 부분으로, 판결문이 단순한 '종잇조각'에 불과하게 되는 경우도 적지 않습니다. 특히 상대방이 재산을 은닉하거나 해외로 이전한 경우, 강제집행을 통한 권리 실현이 매우 어려워집니다. 따라서 소송 전 단계에서부터 상대방의 재산을 파악해 '가압류'나 '가처분'과 같은 보전조치를 해두는 것이 필요합니다.

강제집행의 종류에는 금전 지급을 목적으로 하는 금전 집행과 부동산 인도를 목적으로 하는 부동산 인도 강제집행이 있습니다. 금전 집행의 경우에는 채무자의 재산을 파악해 압류하고 경매를 통해 대금을 회수하는 과정을 거쳐야 하며, 이 과정에서 상당한 시간과 비용이 소요됩니다. 부동산 인도 강제집행의 경우에는 법원 집행관이 직접 현장에서 점유자를 퇴거시키는 절차를 거쳐야 합니다.

강제집행을 준비하기 위해서 먼저 채무자의 재산 현황을 정확히 파악해야 하며, 이를 위해 재산명시신청, 재산조회, 신용조회 등의 절차를 활용할 수 있습니다. 강제집행 신청 시에는 확정판결문과 같은 집행권원, 집행문, 송달증명서 등이 필요하며, 집행 과정에서 발생하는 비용도 미리 납부해야 합니다. 강제집행은 역시 관련 경험이 풍부한 전문가의 도움을 받는 것이 나을 수 있습니다.

부동산 매매계약에서 발생하는 법적 분쟁은 복잡하고 다양한 양상을 보입니다. 따라서 분쟁이 발생했다면 가능한 한 소송을 피하고 대화와 조정을 통해 문제를 해결하되, 소송이 불가피하다면 철저한 사전 준비와 전문가의 조력을 통해 전략적으로 대응해야 합니다. 또한 소송의 전 과정을 이해하고 실리에 맞는 현명한 판단을 내리는 지혜가 필요합니다.

4부

거래가 끝난 이후의 관리

6장

·

매도 후 반드시 챙겨야 할 세금 신고

반드시 알아야 할
양도소득세 기본 요소

SOLD

기초개념① 주택의 취득일

주택의 취득일은 보유기간, 거주기간, 장기보유특별공제 등을 판단하는 데 있어 양도소득세 계산의 기초가 되는 매우 중요한 정보입니다.

주택의 취득 원인에 따라 취득일은 다음과 같이 서로 다르게 적용되므로, 정확한 세금 계산을 위해서는 본인이 소유한 주택의 정확한 취득일을 반드시 확인해야 합니다.

취득원인	취득일	확인자료
일반 매매	잔금청산일과 등기접수일 중 빠른 날	매매계약서, 이체내역, 등기부등본
분양	·대금을 청산한 날과 소유권 이전 등기 접수일 중 빠른 날 ·대금 청산일까지 완성되지 않은 경우에는 아파트 완성 　일(사용승인서 교부일 등)	분양대금 납부내역서 또는 분양잔금 이체내역
재개발· 재건축	·원 조합원: 기존 주택 취득일 ·승계조합원: 사용승인서 교부일, 사실상 사용일 또는 　임시사용승인을 받은 날 중 빠른 날	·종전주택 취득계약서 ·건축물대장 등
증여	증여등기 접수일	등기부등본 등기접수일
상속	상속개시일	등기부등본 등기원인일

일반적인 매매 거래: 잔금청산일과 등기접수일 중 빠른 날

일반적으로는 매수인이 잔금을 지급한 후, 매도인으로부터 등기 서류를 넘겨받아 등기접수를 하게 되므로, 대부분의 경우 잔금 지급일이 취득일입니다. 그러나 잔금 완납 전에 등기부터 먼저 접수하는 경우에는, 잔금을 수령하지 않았더라도 등기를 접수한 날이 취득일이 됩니다.

분양받은 아파트: 원칙은 분양대금완납일

신축 아파트의 일반 분양자가 분양을 통해 아파트를 취득한 경우에는, 분양잔금을 지급한 날이 해당 아파트의 취득일로 인정됩니다. 분양대금에 대한 선납할인 혜택을 받기 위해 준공일 전에 잔금을 미리 완납한 경우에는, 잔금 완납일이 아닌 신축 아파트의 준공일이 취득일이 됩니다. 반대로 준공이 이루어졌더라도 분양 잔금을 완납하지 않았다면, 여전히 주택이 아닌 분양권을 보유하고 있는 것입니다.

재건축·재개발 조합원: 종전주택 취득일 또는 신축 아파트 준공일

재개발·재건축 사업을 통해 새 아파트를 취득하는 경우에도, 그 취득일을 어떻게 판단하느냐에 따라 양도소득세 계산에 큰 차이가 발생할 수 있습니다. 특히 조합원 입주권을 보유하고 있는 경우에는 원조합원인지, 승계조합원인지에 따라 취득일이 다르게 적용되므로 각별한 주의가 필요합니다.

관리처분계획인가를 받기 전 주택을 직접 취득해 조합원이 된 '원조합원'의 경우, 새로 준공된 신축 아파트의 취득일은 멸실된 기존 주택의 취득일로 소급하게 됩니다. 따라서 원조합원이 신축 아파트를 양도할 경우, 실제 등기일이나 신축 아파트 사용승인일이 아닌, 종전 주택의 취득일을 기준으로 보유기간을 산정하게 됩니다.

그러나 원조합원으로부터 조합원 입주권을 매수한 '승계조합원'의 경우 해당 아파트의 사용승인서가 교부된 날, 사실상의 사용일 또는 임시사용승인을 받은 날 중 빠른 날이 아파트의 취득일이 됩니다.

증여, 상속받은 주택: 증여등기접수일 또는 상속개시일

증여받은 주택의 경우에는 증여등기의 '접수일'이 곧 취득일이 됩니다. 예를 들어 부모와 자식 간에 아파트를 증여로 이전한 경우라면, 관할 등기소에 등기신청을 접수한 날이 취득일이 됩니다. 반면 상속 주택의 취득일은 등기접수일이 아닌 '등기원인'인 상속개시일, 즉 피

상속인이 사망한 날로 정해집니다. 이는 상속이 사망과 동시에 법적으로 발생하는 권리이전이기 때문입니다.

이러한 취득일은 등기부등본의 '갑구' 항목(소유권 이전에 관한 사항)을 통해 쉽게 확인하실 수 있습니다.

기초개념② 기간의 계산

세법에서 정한 각종 기간의 계산은 납세자에게 매우 중요한 의미를 가집니다. 예를 들어 양도소득세의 비과세 보유기간, 일시적 2주택의 양도기한, 장기보유특별공제 적용 요건 등은 모두 일정한 기간의 기준에 따라 판단되기 때문입니다.

양도소득세에서 주요항목의 기간은 다음 표와 같이 계산합니다.

• 양도소득세 기간 계산

구분	초일산입 여부
양도소득세 비과세 요건(보유기간, 거주기간)	초일산입
장기보유특별공제(보유기간, 거주기간)	초일산입
세율산정 시 보유기간	초일산입
일시적 1세대 2주택 비과세 요건 (종전주택 취득일로부터 1년 이상이 지난 후 신규주택 취득 요건)	초일 불산입
일시적 1세대 2주택 비과세 요건 (신규주택 취득일로부터 3년 이내 종전주택 양도)	초일 불산입

예를 들어 소유한 주택의 취득일(초일)을 2024년 6월 2일로 가정할 경우 해당 주택의 보유기간, 거주기간, 장기보유특별공제, 세율적용 여부는 다음과 같은 기준에 따라 판단하게 됩니다.

비과세 요건 중 보유(거주)기간의 계산: 취득일로부터 2년 이상 보유

양도소득세 비과세는 2년 이상 보유(조정대상지역 취득 시에는 2년 거주 포함)한 경우에 적용됩니다. 2년 이상을 판단할 때는 취득일(초일)인 2024년 6월 2일을 포함해 계산하기 때문에, 취득일로부터 2년 이상이 되는 날은 2026년 6월 1일입니다. 따라서 2026년 6월 1일 양도하는 경우에도 비과세 보유기간 요건은 충족하게 됩니다.

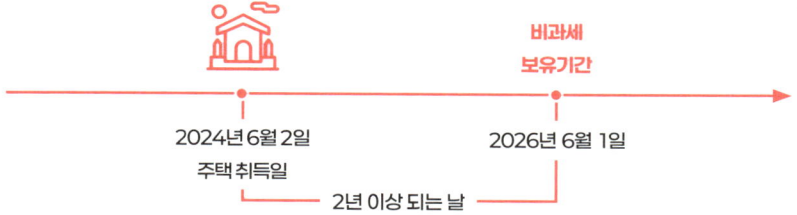

장기보유특별공제: 취득일로부터 최소 3년 이상 보유

장기보유특별공제는 양도자산을 취득일로부터 3년 이상 보유한 경우부터 적용이 가능하며, 3년 이상을 판단할 때는 초일을 포함해 계산합니다. 따라서 2024년 6월 2일에 주택을 취득했다면, 2027년 6월 1일부터 장기보유특별공제 적용이 가능해집니다. 즉, 장기보유특별공제를 받을 수 있는 가장 빠른 날은 2027년 6월 1일입니다.

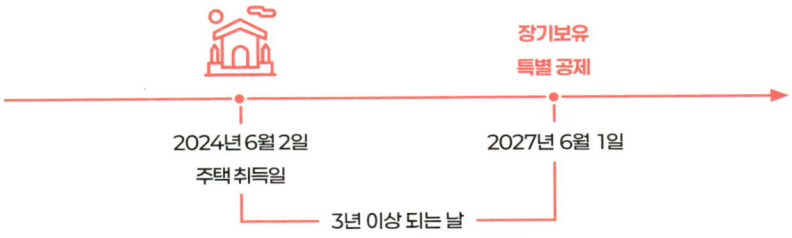

장기보유
특별공제

2024년 6월 2일
주택 취득일

2027년 6월 1일

3년 이상 되는 날

일시적 2주택 비과세 요건

일시적 2주택 비과세는 종전주택을 보유하고 있는 1세대가 종전 주택 취득일로부터 1년이 지난 후 신규주택을 취득하고, 신규주택을 취득한 날로부터 3년 이내 종전주택을 양도하는 경우, 일시적 2주택 비과세가 가능합니다.

2024년 6월 2일
종전 주택 취득일

2025년 6월 3일
신규 주택 취득

2028년 6월 3일
종전 주택 양도

1년 이상 지난 후   신규 주택 취득 후 3년 이내

① 종전주택 취득일로부터 1년이 지난 후 신규주택을 취득

종전주택 취득일이 2024년 6월 2일이라면, 1년이 지난 후 신규 주택을 취득해야 하므로, 신규주택을 취득할 수 있는 가장 빠른 날은 1년이 되는 날인 2025년 6월 2일이 지난 2025년 6월 3일입니다. 따라서 2025년 6월 2일에 신규주택을 구입하는 경우에는 종전주택에 대한 비과세를 받을 수 없습니다.

부동산 매도 불변의 법칙

② 신규주택을 취득한 날로부터 3년 이내 종전주택을 양도

신규주택을 취득한 날이 2025년 6월 3일이라면 초일불산입으로 2025년 6월 4일부터 기산하게 되며, 「민법」 제160조 2항에 따라 "주, 월 또는 연의 처음으로부터 기간을 기산하지 아니하는 때에는 최후의 주, 월 또는 연에서 그 기산일에 해당한 날의 전일로 기간이 만료" 하게 되므로, 기산일 2028년 6월 4일의 전일인 2028년 6월 3일까지 종전주택을 양도해야 비과세를 받을 수 있습니다.

SOLD

기초개념③ 동일세대 개념

우리는 일상생활에서 '가족'이나 '세대'라는 개념을 자주 사용하고 있지만, 세법에서 규정하는 '1세대'의 의미는 일반적으로 통용되는 개념과는 다소 차이가 있습니다. 「소득세법」 제88조 제6호 및 같은 법 시행령 제152조의3에서는 '1세대'를 다음과 같이 정의하고 있습니다.

소득세법 §88조 제6호

"1세대"란 거주자 및 그 배우자(법률상 이혼을 하였으나 생계를 같이 하는 등 사실상 이혼한 것으로 보기 어려운 관계에 있는 사람을 포함한다. 이하 이 호에서 같다)가 그들과 같은 주소 또는 거소에서 생계를 같이 하는 자(거주자 및 그 배우자의 직계존비속(그 배우자를 포함한다) 및 형제자매를 말하며, 취학, 질병의 요양, 근무상 또는 사업상의 형편으로 본래의 주소 또는 거소에서 일시 퇴거한 사람을

포함한다]와 함께 구성하는 가족단위를 말한다.

간단히 1세대를 정의하면, 거주자 본인과 배우자 및 자녀가 1세대를 구성하는 기본 세대인원이고, (본인 및 배우자의)부모님과 형제자매가 같이 살고 있다면 이들도 1세대에 포함됩니다. 조금 더 자세하게 알아보면 다음과 같습니다.

배우자

배우자는 기본적으로 주민등록상 세대를 분리해도 거주자와 동일세대를 구성합니다. 즉, 주민등록표상 세대분리 여부나, 실제 동거 여부를 불문하고 배우자는 거주자와 동일세대입니다. 또한 법률상 이혼을 했으나 생계를 같이하는 등 사실상 이혼한 것으로 보기 어려운 자(위장이혼)도 거주자와 동일세대에 포함됩니다.

자녀

배우자가 없는 경우 1세대로 보지 않기 때문에, 원칙적으로 미혼인 자녀는 부모의 세대에 포함됩니다. 다만 자녀가 다음 중 하나의 요건에 해당하면서 별도세대를 구성하면서 독립된 생계를 유지하는 경우에는 자녀를 동일세대로 보지 않습니다.

A	해당 거주자의 나이가 30세 이상인 경우
B	배우자가 사망하였거나, 이혼한 경우
C	① 사업소득, 근로소득, 기타소득(저작권 수입, 강연료 등 인적용역의 대가만 포함)이 기준중위소득*을 12개월로 환산한 금액의 40% 이상인 경우
	② 소유하고 있는 주택 또는 토지를 관리 유지하면서 독립된 생계를 유지

*2025년 1인 가구 중위소득: 약 239만 원(보건복지부)

그 외 가족의 범위

거주자와 배우자의 직계존비속과 형제자매는 거주자 본인과 생계를 같이하는 경우, 거주자의 동일세대로 보게 됩니다. 따라서 그 외의 자는 생계를 같이하더라도 동일세대에 포함되는 가족의 범위에 해당하지 않습니다. 따라서 직계존속이 아닌 이모, 고모나 형제자매의 배우자(형수)는 '거주자와 배우자의 직계존비속 및 형제자매'에 포함되지 않으므로, 고모 등은 거주자와 생계를 같이하더라도 거주자 본인의 1세대에 포함되지는 않습니다.

양도일 전 세대분리

양도일 전에 세대분리를 했더라도 결혼, 직장, 학업 등 세대분리의 타당한 이유가 있고, 자녀가 세대분리를 할 수 있는 독립적인 생계유지가 가능한 소득이 있는 경우, 양도일에 임박한 세대분리라도 인정받을 수 있습니다. 비과세 목적 이외에 다른 합리적 이유 없이 양도일 전에 일시적으로 분리하고, 양도일 이후 다시 생계를 같이하는 경우는 정당한 세대분리로 인정받을 수 없습니다.

THE UNCHANGING RULE

양도소득세 비과세 조건과 적용 사례

SOLD

1세대 1주택 비과세

양도소득세에서 가장 기본이 되는 특례가 1세대 1주택 비과세입니다. 주택에 대한 1세대 1주택 비과세를 받기 위해서는 양도일 현재 주택의 보유기간이 2년 이상이어야 합니다. 여기서 보유기간은 주택의 취득일로부터 양도일까지의 기간을 의미합니다. 그리고 2017년 8월 3일 이후 조정대상지역에서 취득하는 주택의 경우에는 보유기간 중 2년 이상의 거주기간 요건이 추가됩니다.

주의해야 할 점은 양도 당시에는 조정지역에서 해제되었다고 하

부동산 매도 불변의 법칙

• 1세대 1주택 비과세 요건

2004.01.01. 이후	2011.06.03. 이후	2012.06.29. 이후	현재
보유요건: 3년 거주요건: 2년 (서울, 과천 및 5대 신도시)	보유요건: 3년 거주요건: 없음	보유요건: 2년 거주요건: 없음	보유요건: 2년 거주요건: 2년 (조정대상지역)

더라도, 취득 당시에 조정지역에서 취득했다면, 거주의무는 소멸하지 않고, 그대로 남아있습니다. 2025년 8월 기준 조정대상지역은 서초구, 강남구, 송파구, 용산구만 남아있고, 다른 모든 지역은 현재 조정대상 지역에서 해제되었습니다.

• 마포구 A아파트 취득 예시

마포구는 2023년 1월 5일 조정대상지역에서 해제되었지만, A아파트 취득 당시 조정대상지역이었기 때문에, A아파트를 비과세받기 위해서는 2년의 거주요건이 필요합니다. 반대로 취득 당시 조정지역이 아니었으나 양도 당시 조정대상지역으로 지정된 경우에는 양도일 기준 조정대상지역인 상태에서 양도하는 경우라도 거주의무는 없습니다.

상생임대주택에 대해서는 비과세 적용 시 2년의 거주의무와 장기 보유특별공제
(표2) 적용요건인 2년의 거주의무를 면제해주고 있습니다.

상생임대주택에 대한 1세대 1주택 특례(소득세법 시행령 제155조의 3)

① (직전계약) 1세대가 주택을 취득한 후에 임차인과 임대차계약(직전임대차계약)을
체결할 것

② 임대료의 증가율이 직전임대차계약 대비 5%를 초과하지 않는 상생임대차계약
을 체결할 것

③ 21.12.20~26.12.31일까지 상생임대차계약을 체결하고, 임대개시할 것

④ 직전임대차계약에 따른 임대기간이 1년 6개월 이상이고, 상생임대차계약에 따
른 임대기간이 2년 이상일 것

구분	직전임대차계약	상생임대차계약
최소임대기간	1년 6개월	2년
임대료 등 증액제한	-	5%(직전임대차계약 대비)
계약체결기간	주택 취득 후 체결	21.12.20~26.12.31

일시적 1세대 2주택 비과세

1주택 보유자가 이사 가기 위해서 새로운 집을 취득한 경우에 적
용되는 규정이 일시적 2주택 비과세 규정입니다. 일시적 2주택 비과
세 요건은 크게 3가지로 나눌 수 있습니다.

일시적 2주택 비과세 소득령 §155조 1항

1) 종전주택을 취득한 날로부터, 1년 이상 지난 후 신규주택을 취득할 것

2) 신규주택을 취득일로부터 3년 이내 종전주택을 양도할 것

3) 종전주택의 양도일 현재 종전주택의 비과세 요건을 만족할 것

종전주택을 취득한 날부터 1년 이상 지난 후 신규주택 취득 요건

만약 종전주택의 취득일이 2024년 6월 1일이라면, 「민법」상 일반 기간 계산 원칙에 따라 초일은 산입하지 않기 때문에, 1년이 되는 날은 2025년 6월 1일입니다.

따라서 이 요건을 충족하려면, 2025년 6월 2일 이후에 신규주택을 취득해야 1년 이상이 지난 후에 신규주택을 취득한 것이므로, 일시적 2주택 비과세 요건 적용이 가능합니다.

유권해석) 기준-2017-법령해석재산-0273, 2017.11.19

2014.12.30. 주택을 취득한 경우 「소득세법시행령」 제155조 제1항에 따른 종전의 주택을 취득한 날부터 1년 이상이 지난 후는 2015.12.31.이 되는 것입니다.

신규주택 취득일로부터 3년 이내 종전주택 양도

신규주택 취득일이 2025년 6월 1일이라면, 초일은 산입하지 않으므로 3년이 되는 날은 2028년 6월 1일입니다. 따라서 종전주택의 양도기한은 2028년 6월 1일까지는 양도해야 종전주택에 대한 비과세를 받을 수 있습니다.

종전주택의 양도일 현재 종전주택의 비과세 요건을 만족할 것

종전주택의 양도일 현재 보유기간이 2년 이상이어야 합니다. 또한 취득 당시 조정대상지역인 경우에는 보유기간 중 2년 이상의 거주기간 요건이 갖추어야 합니다.

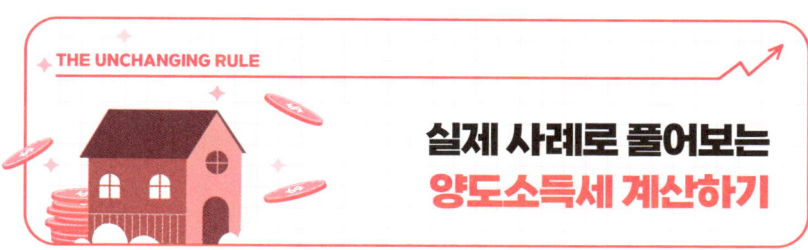

SOLD

양도가액과 필요경비

① 양도가액

주택의 양도가액은 양도자와 양수자 간에 실제로 거래한 가액입니다. 즉, 매매계약서상에 기재된 금액과 실제 수수한 금액이 서로 다른 경우에는 실제 거래한 가액이 양도가액이 됩니다.

② 필요경비

필요경비는 크게 '취득가액'과 '기타 필요경비'로 나눌 수 있습니

• 양도소득세 계산구조

구분	내용
양도가액	
(-) 취득가액 등 필요경비	취득가액, 자본적지출, 양도비용
= 양도차익	
(-) 비과세 양도차익	1세대 1주택 비과세 고가주택 중 양도가액 12억 이하분에 대한 양도차익
= 과세 양도차익	양도가액 12억 초과분에 대한 양도차익
(-) 장기보유 특별공제	보유기간 3년 이상 토지 및 건물 • 1세대 1주택: 거주기간 x 4% + 보유기간 x 4% • 일반주택 : 6% ~ 30%
= 양도소득금액	
(-) 양도소득 기본공제	연간 250만 원
= 양도소득 과세표준	

(x) 세율	• 기본세율(6~45%)
	• 중과세율: 조정2주택(기본세율+20%), 조정3주택(기본세율+30%)
	• 단기양도세율:
	  1년 미만(주택, 분양권, 입주권 70%, 상가, 토지 50%)
	  1년 이상~2년 미만(주택, 분양권 입주권 60%, 상가, 토지 40%)
	  2년 이상(분양권 60%)

산출세액	

다. 기타필요경비는 다시 '자본적 지출액'과 '양도비 등'으로 나누어
집니다.

대표적인 주택의 취득가액과 기타 필요경비(양도비 등)는 다음과
같습니다.

- 분양금액(분양계약서) / 분양권 전매프리미엄(전매계약서)
- 옵션계약금액(발코니 확장, 샷시, 시스템에어콘 등)
- 취득가액(매매계약서)
- 취득세, 인지대 등
- 법무사 수수료 / 국민주택채권 할인 본인부담금 등
- (취득 시, 양도 시) 공인중개사 수수료 / 세무사 양도세 신고수수료

(1) 취득가액

취득가액은 매도자 매수자 간에 실제 수수된 금액을 의미합니
다. 일반적인 경우 매매계약서상 총 계약금액이 될 것입니다. 2006년
6월 1일 이후부터는 등기부등본에 실제 매매가액이 기재되었기 때문
에, 예전 매수계약서를 분실한 경우에는 등기부등본으로 취득가액을
확인할 수 있습니다.

분양받은 아파트인 경우에는 취득가액은 분양계약서상 총 분양금
액과 옵션금액을 합친 금액이 됩니다. 만약 분양권을 전매로 취득한
경우에는 전매 취득 시 지급한 프리미엄도 취득가액으로 인정되고,
조합원 아파트인 경우에는 멸실 전 종전주택의 취득가액과 추가로
납입한 분담금이 새로 준공된 아파트의 취득가액으로 인정됩니다.

그 외 취득세(지방교육세, 농특세 포함), 법무사 비용, 국민주택채권 할인 본인부담금, 인지세 등은 취득가액으로서 필요경비로 인정받을 수 있습니다.

(2) 양도비

양도비는 주택을 양도하기 위해 직접 지출한 비용을 의미합니다. 보통 아파트를 매도할 때 발생하는 양도비는 중개수수료와 세무신고 수수료가 있습니다.

공인중개사 수수료인 경우에는 법정중개수수료 요율을 초과 여부와 관계없이, 실제 중개수수료를 지급한 사실을 입증되는 경우에는 필요경비로 공제가 가능합니다. 그러나 중개수수료 이외에 매도를 위한 상권분석, 매도 가격 타당성 분석 등 컨설팅 비용 명목으로 수수료를 별도로 지급하는 경우에는 양도비로 인정받기 어렵습니다.

(3) 자본적 지출과 수익적 지출

자본적 지출액은 주택의 수명을 연장시키거나, 가치를 높이기 위해 지출한 수선비 등을 말합니다. 이러한 수선비 중에서 자본적 지출에 해당하는 비용은 양도소득 계산 시 필요경비로 차감할 수 있지만, 수익적 지출에 해당하는 비용은 필요경비로 차감할 수 없습니다.

부동산 매도 불변의 법칙

구분	자본적 지출	수익적 지출
개념	자산의 내용연수를 연장시키거나 당해 자산의 가치를 현실적으로 증가시키기 위해 지출한 수선비 등	정상적인 수선 또는 경미한 개량으로 자산의 가치를 상승시킨다기보다는 본래의 기능을 유지하기 위한 비용
필요경비 해당 여부	O	X
예시	· 아파트 베란다 샷시비 · 건물의 난방시설을 교체한 공사비 · 방확장 등의 내부시설 개량공사비 또는 보일러 교체비용 · 자바라 및 방범창 설치비용 · 사회통념상 지불된 것으로 인정되는 발코니 샷시 설치대금 · 방, 거실 바닥교체 공사비용 등 · 자본적 지출에 해당하는 인테리어 비용, 리모델링 비용 등	· 벽지, 장판 교체비용, 씽크대 · 주방기구 교체비용, 외벽 도색작업, 문짝이나 조명 교체비용 · 보일러 수리비용, 옥상 방수공사비 · 하수도관 교체비, 오수정화조설비 교체비, 타일 및 변기공사비 · 파손된 유리 또는 기와의 대체 · 재해를 입은 자산의 외장복구 및 도장, 유리의 삽입, 화장실 공사비, 마루 공사비 등

출처: 국세청

양도소득세 계산하기

1세대 1주택자인 A씨는 10년 동안 보유한 잠실아파트를 매도할 때, 양도소득세가 얼마나 나오는지 궁금해졌습니다. A씨는 잠실아파트를 10년 동안 보유했지만, 계속 전세를 주고 있었기 때문에 실제 거주한 기간은 없습니다.

양도가액: 매도금액 25억 원

취득가액1: 취득가액 7억 원

취득가액2: 취득세 1,500만 원

중개수수료: 1천만 원

보유기간 전세 관련 중개수수료: 200만 원

공사비: 700만 원(임차인 요청에 의한 벽지 교체, 화장실 변기 수리비)

기타: 500만 원(세탁기 교체비용, 인덕션 교체비용)

① 양도차익의 계산

양도가액 25억 원에서 취득가액, 취득세, 중개수수료를 차감하면 양도차익이 17억 7,500만 원 발생하게 됩니다. 중개수수료 중 전세 관련 중개수수료 200만 원은 양도와 직접 관련된 비용이 아니므로, 필요경비로 인정되지 않습니다. 그리고 벽지교체, 화장실 변기수리, 세탁기, 인덕션 교체비용은 자본적 지출에 해당하지 않으므로, 필요경비로 차감할 수 없습니다.

1세대 1주택 비과세 요건을 충족하더라도, 양도가액이 12억 원을 초과하는 경우에는 12억 원을 초과하는 양도차익에 대해서는 양도소득세를 납부해야 합니다(2021년 12월 8일 양도분부터 비과세 기준금액이 9억 원에서 12억 원으로 상향 조정).

위 사례에서 A씨의 비과세 양도차익을 구하면 다음과 같습니다.

비과세 양도차익 =

총 양도차익 1,775,000,000원 × $\dfrac{12억\ 원}{25억\ 원}$ = 852,000,000원

즉, 총 양도차익에서 [양도차익×비과세금액/양도가액]에 해당하는 금액만큼을 비과세 양도차익으로 해서, 이를 전체 양도차익에서 차감 후 과세 양도차익을 계산합니다.

구분	금액(원)	비고
양도가액	2,500,000,000	
(-) 취득가액	715,000,000	취득가액+취득세
(-) 필요경비	10,000,000	중개수수료
양도차익	1,775,000,000	
(-) 비과세 양도차익	852,000,000	
과세 양도차익	923,000,000	

② 장기보유특별공제

장기보유특별공제는 취득일로부터 양도일까지 3년 이상 보유한 토지와 건물에 대해서 양도차익의 일정한 공제율을 적용해 양도차익에서 공제해주는 제도입니다. 조정대상지역 다주택자의 경우에는 장기보유특별공제를 받을 수 없지만, 중과세율 유예기간인 2022년 5월 10일부터 2026년 5월 9일까지 양도하는 경우에는 장기보유특별공제를 받을 수 있습니다.

부동산을 3년 이상 보유했는지 여부를 계산할 때, 보유기간은 그 자산의 '취득일부터 양도일'까지로 일수를 계산합니다.

- 일반매수: 잔금청산일 등기접수일 중 빠른날

- 일반분양: 분양잔금 완납일

- (원)조합원: 종전주택 취득일

- (승계)조합원: 사용승인일

- 증여: 증여등기 접수일

- 상속: 상속개시일

장기보유특별공제의 공제율은 일반적인 경우(표1)와 1세대 1주택 비과세가 적용되는 경우(표2)가 서로 다른 공제율을 적용합니다.

• 표1 일반적인 경우

구분	3년 이상	4년 이상	5년 이상	6년 이상	7년 이상	8년 이상	9년 이상	10년 이상	11년 이상	12년 이상	13년 이상	14년 이상	15년 이상
공제율	6%	8%	10%	12%	14%	16%	18%	20%	22%	24%	26%	28%	30%

• 표2 1세대 1주택 장기보유특별공제율(보유기간 중 2년 이상 거주요건 충족 시 적용)

구분		3년 이상	4년 이상	5년 이상	6년 이상	7년 이상	8년 이상	9년 이상	10년 이상
공제율	보유 기간	12%	16%	20%	24%	28%	32%	36%	40%
	거주 기간	12(8*)%	16%	20%	24%	28%	32%	36%	40%
	합계	24(20*)%	32%	40%	48%	56%	64%	72%	80%

* 보유기간이 3년 이상 & 거주기간이 2년 이상 3년 미만인 경우 20%(12%+8%) 적용

2년 이상 거주한 1세대 1주택(일시적 2주택 포함)인 경우에는 표 2를 적용해, 장기보유특별공제액을 계산하고, 그 외의 경우에는 표 1을 적용해 장기보유특별공제액을 계산합니다.

A씨의 장기보유특별공제액을 계산하면 다음과 같습니다. 1세대 1주택자인 A씨는 잠실아파트를 10년 동안 보유했지만, 2년 이상 거주하지 않았으므로 장기보유특별공제는 표1이 적용됩니다 그러므로 A씨가 받을 수 있는 장기보유특별공제액은 양도차익의 20%(10년× 2%)입니다.

장기보유특별공제액(표1) =

양도차익 923,000,000원 × 20%(보유기간 10년 x 2%)=184,600,000원

③ 기본공제

기본공제는 자산그룹별로 해당 과세기간의 양도소득금액에서 250만 원을 공제할 수 있습니다.

• 자산그룹별 기본공제액

자산그룹	연간 기본공제액
부동산(토지, 건물, 부동산취득권리 등)	250만 원
주식 등	250만 원
파생상품 등	250만 원
신탁수익권	250만 원

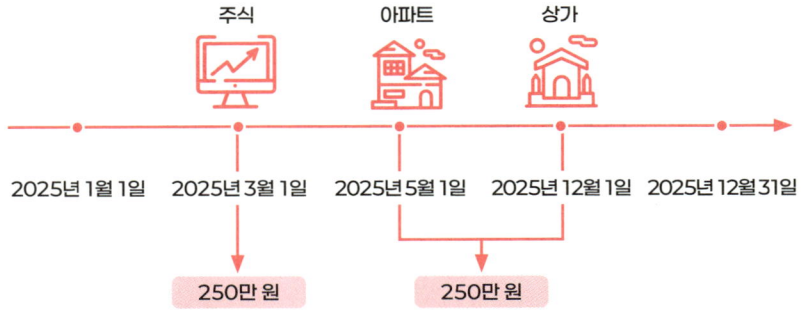

기본공제는 자산그룹별로 각각 연 250만 원을 공제 가능하므로, 해당 과세연도에 주식양도소득금액에서 250만 원을 공제받았더라도, 주식과는 다른 그룹인 주택양도 시 다시 250만 원 공제를 받을 수 있습니다.

그리고 기본공제는 과세기간별로 공제금액이 매년 주어지기 때문에, 2024년 12월 달에 기본공제 250만 원을 공제받았더라도, 과세연도가 바뀌는 2025년 1월에는 다시 250만 원의 기본공제를 적용할 수 있습니다.

④ 양도소득세 세율

2년 이상 보유한 주택을 양도하는 경우에는 양도소득세 기본세율이 적용됩니다.

양도소득세 세율의 적용방식은 초과누진세율로, 과세표준이 올라가면 초과하는 구간별로 더 높은 세율이 적용되게 됩니다. 예를 들어 과세표준이 1억 원이라면, 세율구간별로 나누어서 다음과 같이 계산됩니다.

부동산 매도 불변의 법칙

1,400만 원×6%＋3,600만 원×15%＋3,800만 원×24%＋1,200만 원
×35%＝19,560,000원

· **양도소득세 기본세율 및 누진공제액**

과세표준	양도소득세 기본세율	누진공제액
1,400만 원 이하	6%	-
1,400만 원 초과 5천만 원 이하	15%	126만 원
5천만 원 초과 8,800만 원 이하	24%	576만 원
8,800만 원 초과 1억 5천만 원 이하	35%	1,544만 원
1억 5천만 원 초과 3억 원 이하	38%	1,994만 원
3억 원 초과 5억 원 이하	40%	2,594만 원
5억 원 초과 10억 원 이하	42%	3,594만 원
10억 원 초과	45%	6,594만 원

그러나 실무적으로는 누진공제액을 이용해 다음과 같이 간편하게 계산합니다.

1억 원 × 35%－1,544만 원＝19,560,000원

이제 A씨의 사례에서 세율을 적용해 최종 산출세액을 구할 수 있습니다. 양도소득금액 7억 3,840만 원에서 기본공제 250만 원을 차감해 과세표준금액 7억 3,590만 원을 구하고, 이 금액에 세율 42%(누진공제 3,594만 원)를 적용해 산출세액을 구합니다.

산출세액＝과세표준 735,900,000 × 42% － 35,940,000원

＝ 273,138,000원

• 1주택자 A 씨의 양도소득세 계산

구분	금액(원)	비고
양도가액	2,500,000,000	
(-) 취득가액	715,000,000	취득가액+취득세
(-) 필요경비	10,000,000	중개수수료
양도차익	1,775,000,000	
(-) 비과세 양도차익	852,000,000	17억 7,500만 원 × 12억/25억
과세 양도차익	923,000,000	
(-) 장기보유특별공제	184,600,000	9억 2,300만 원 × 20%
양도소득금액	738,400,000	
(-) 기본공제	2,500,000	
과세표준	735,900,000	
세율	42%	누진공제 3,594만 원
산출세액	**273,138,000**	

⑤ 다주택 중과세율

조정지역 내 다주택자가 주택을 양도하는 경우에는 기본세율에 20%(3주택자 이상 30%)를 가산해 중과세율을 적용하고 있습니다. 만약 A씨가 조정지역 3주택자라면, 세금은 어떻게 계산될까요?

다주택 중과가 적용되는 경우에는 장기보유특별공제도 적용되지

부동산 매도 불변의 법칙

않으므로, 양도차익이 그대로 양도소득금액이 됩니다. 여기에서 기본 공제만 적용해 과세표준을 구하면 과세표준은 17억 5,250만 원이 됩니다. 과세표준이 10억 원을 초과했으므로 기본세율은 45%가 적용되지만, A씨가 조정지역 3주택자인 경우에는 기본세율에 30%가 가산되어 75%(45%+30%)의 세율이 적용됩니다.

• 조정대상지역 3주택자인 경우 양도소득세 계산

구분	금액(원)	비고
양도가액	2,500,000,000	
(-) 취득가액	715,000,000	취득가액+취득세
(-) 필요경비	10,000,000	중개수수료
양도차익	1,775,000,000	
(-) 비과세 양도차익	-	
과세 양도차익	1,755,000,000	
(-) 장기보유특별공제	-	
양도소득금액	1,755,000,000	
(-) 기본공제	2,500,000	
과세표준	1,752,500,000	
세율	75%	45%+30%(누진공제 6,594만 원)
산출세액	1,248,435,000	

양도세 중과 한시적 유예기간인 2022년 5월 10일부터 2026년 5월 9일까지 보유기간 2년 이상인 주택을 양도하는 경우에는 다주택

중과세율을 적용하지 않습니다. 한시적 유예는 보유기간 2년 이상인 주택에 대해서 적용하기 때문에, 보유기간이 2년 미만인 주택을 양도하는 경우에는 한시적 중과배제 규정이 적용되지 않습니다.

부동산 매도 불변의 법칙

THE UNCHANGING RULE

부동산 매도·매수 시
검토할 세금 이슈들

① 동일연도 합산과세

동일한 연도에 기본세율(6~45%)이 적용되는 자산을 2회 이상 양도하는 경우에는 이미 신고한 양도소득금액과 합산해 신고해야 합니다. 두 자산의 소득금액을 합산해 기본세율을 곱해 계산한 세액에서 먼저 양도한 자산의 양도소득세를 기납부세액으로 공제해주고 있습니다.

따라서 동일한 연도에 주택을 2회 이상 매도하는 경우에는 두 주택의 소득금액이 합산되어 높은 누진세율이 적용되기 때문에, 되도록 동일한 과세연도에 매도하는 것을 피하는 것이 세액을 줄이는 데 도움이 됩니다.

A주택   B아파트   잔금일 연기   B아파트

2025년 2월 10일   2025년 11월 30일   2026년 1월 30일

② 양도차손의 활용

동일연도에 주택에서는 양도차익이 발생했고, 상가에서는 양도차손이 발생했다면, 상가에서 발생한 양도차손은 주택의 소득금액에서 상계할 수 있습니다. 상가와 주택은 양도차손 공제에 있어, 동일유형으로 분류되기 때문에, 동일유형에 있는 자산에서 발생한 양도차손은 동일유형에 있는 다른 자산의 소득금액에서 공제가 가능하기 때문입니다(소득세법 §102조 ①). 주택의 양도차익에서 공제할 수 있는 양도차손의 유형은 다음과 같습니다.

- 토지, 건물, 부동산에 관한 권리에서 발생한 양도차손
- 골프 회원권, 호텔 피트니스 회원권 등에서 발생한 양도차손
- 부동산과다법인(부동산 비율 50% 이상)의 주식에서 발생한 양도차손

     부동산 매도 불변의 법칙

예를 들어 주택을 매도하려고 할 때, 주택의 양도차익이 큰 경우에는 현재 보유 중인 취득가액보다 시세가 많이 떨어진 상가, 오피스텔 분양권, 호텔 피트니스 회원권, 골프장 회원권 등을 동일연도에 처분해 양도차손을 발생시키는 것도 고려할 만한 방법입니다. 비싸게 구입한 골프 회원권이나 호텔 피트니스 회원권을 처분하고, 새로 회원권을 취득하는 것만으로도 매우 좋은 절세방법이 될 수 있습니다.

③ 다운계약서 작성 시 불이익

부동산 거래를 하면서 매도인의 요청으로 다운계약서를 작성하는 경우가 있습니다. 주변 시가와 다르게 부동산 거래신고가 되는 경우에는 국토교통부 실거래공개시스템상에서 이상거래로 분류되어 소명요청을 하게 되고, 국세청에 통보될 수 있습니다. 이러한 일련의 과정에서 다운계약서가 적발되는 경우, 매도, 매수인에게는 다음과 같은 불이익이 있습니다.

구분	내용
비과세 감면 규정 적용 배제	· 양도자: 1세대 1주택 비과세 감면 배제 · 양수자: 추후 부동산 양도 시 비과세, 감면배제를 동일하게 적용해 양도소득세 추징
가산세 부과	· 과소신고 가산세: 40% 부당과소신고 가산세 적용 · 납부지연가산세: 납부하지 않은 세액 또는 과세납부세액의 무납부일수×0.022%

A는 2020년 5월 ○○아파트를 9억 원에 취득하면서 매도인 B의 요청으로 양도가액을 8억 원으로 기재한 다운계약서를 작성했습니다. 이 거래는 이상거래로 분류되어 국세청에서 조사결과 다운계약임이 확인되었고, 매도인 B에게 추가로 세금이 추징되었습니다. A는 2025년 6월 ○○아파트를 12억 원에 매도하면서 1세대 1주택 비과세 신고를 했습니다.

구분	A씨 비과세 신고	다운계약서 적발
양도가액	1,200,000,000	1,200,000,000
취득가액*	900,000,000	900,000,000
과세대상 양도차익	-	300,000,000
장기보유특별공제	-	30,000,000**
양도소득금액	-	270,000,000
기본공제	-	2,500,000
과세표준		267,500,000
세율		38%(누진공제 19,940,000)
산출세액		81,710,000
비과세 배제 금액		MIN(1억 원, 81,710,000) =81,710,000
비과세대상 금액		-
납부할 세액		81,710,000

* 실제 취득가액 9억 원
** 장기보유특별공제(표1): 보유기간 5년×2%=10%

즉, A씨는 다운계약한 1억 원(9억 원→8억 원)과 '비과세를 배제한 경우 양도소득세 산출세액' 8,171만 원 중 적은 금액을 한도로 양도소득세를 납부해야 합니다. 또한 다운계약으로 취득 당시 과소 납부한 취득세까지 가산세와 함께 추징될 수 있습니다.

과태료 부과	· 지방자치단체 실거래신고 관련 담당부서에서 「부동산 거래신고 등에 관한 법률」에 따라 부동산 등 취득가액의 10% 이하에 해당하는 과태료 부과

이 중 특히 매수자에게도 다운계약으로 취득한 주택을 향후 매도 시 비과세 감면 등이 배제된다는 것을 주의해야 합니다.

비과세 적용배제 금액 = MIN [①, ②]

① 비과세에 관한 규정을 적용하지 않았을 경우 양도소득 산출세액

② 매매계약서의 거래가액과 실지거래가액의 차액

SOLD

④ 부동산 계약 파기로 인한 배액 배상 문제

매도인 A는 ○○아파트를 매수인 B에게 10억 원에 매도하기로 계약하고, 계약금 1억 원을 수령했습니다. 계약서에는 계약 파기 시 배액 배상 조건이 기재되어있습니다. 이때 매도인과 매수인 중 일방이 계약을 파기한 경우 배상에 대한 문제는 어떻게 될까요?

매도인이 계약을 파기한 경우

매도인이 계약을 파기한 경우에는 매도인은 수령한 계약금의 2배인 총 2억 원을 돌려주고, 계약을 해지할 수 있습니다. 이 경우 매도인은 매수인에게 지급해야 할 금액 중 22%(소득세 20%+지방소득세 2%)

를 원천징수해 세무서와 해당 지자체 등에 신고해야 합니다.

매수자에게 지급해야 할 금액: 계약금 1억 + 배상액 1억 − 원천징수(배상액 1억×22%) = 178,000,000원

세무서 등 신고 납부해야 할 금액: 22,000,000원

매도인은 배상액을 지급한 달의 다음 달 10일까지 관할세무서 등에 원천징수 신고 납부해야 하고, 다음 해 2월 말까지 소득자의 인적사항, 기타소득, 원천징수액을 기재한 지급명세서를 제출해야 합니다. 단, 매수인이 개인이 아닌 법인인 경우에는 법인의 기타소득은 개인과 달리 원천징수 대상 소득이 아니므로, 원천징수 없이 2억 원을 법인에게 지급하면 됩니다.

매수인은 지급받은 배상액을 다음 해 5월 종합소득세 신고 시 기타소득으로 반영해서 소득세를 신고해야 합니다. 그리고 매도인이 지급한 배상액 1억 원은 계약불이행으로 인한 위약금이므로 차후 매도인이 이 주택을 양도할 때 매도인의 필요경비로 인정되지 않습니다.

매수인이 계약을 파기한 경우

매수인이 계약을 파기한 경우에는 계약금은 위약금으로 대체됩니다. 이때 매수인은 이미 지급한 계약금에 대해서 다시 원천징수를 할 수 없으므로, 이 경우에는 원천징수 신고납부의무가 없습니다. 매도인은 수령한 위약금에 대해서 다음 해 5월 종합소득세 신고 시 기타소득으로 신고해야 합니다.

⑤ 재산세 과세기준일(6월 1일)

주택을 매도할 계획을 세울 때, 반드시 고려해야 하는 날짜가 재산세 과세기준일인 6월 1일입니다. 재산세는 과세기준일 현재 재산을 사실상 소유하고 있는 자에게 부과되는 세금이고, 매년 6월 1일 현재 보유자가 그 주택에 대한 해당연도 재산세를 모두 부담하게 됩니다. 또 과세기준일 현재 재산세 납세의무자가 종합부동산세 납세의무자가 되므로, 6월 1일 현재 보유자가 그 주택에 대한 해당연도 종합부동산세도 부담하게 됩니다.

⑥ 배우자 및 직계존비속 간의 부동산 거래

자녀와 부동산 거래를 하는 경우 과세관청에서 반드시 확인하는 것이 확인하는 사항이 있습니다. 적절한 가액(시가)으로 거래했는지 여부와 실제 대가를 지급했는지 여부입니다. 이는 「상속세 및 증여세법」상에서 배우자 직계존비속 간 부동산 거래 시에는 양도 거래가 아닌 증여받은 것으로 추정하는 규정이 있기 때문입니다.

상속세 및 증여세법 제44조

① 배우자 또는 직계존비속에게 양도한 재산은 양도자가 그 재산을 양도한 때에 그 재산의 가액을 배우자 등이 증여받은 것으로 추정해 이를 배우자 등의 증여재산 가액으로 한다.

따라서 직계존비속 간 부동산 거래 시 증여추정을 피하기 위해서는 다음 2가지를 주의해야 합니다.

첫째, 부모는 자녀에게 주택을 시가대로 양도했다는 근거를 가지고 있어야 합니다. 즉, 양도일 전후 3개월 내 유사매매사례가액(계약일 기준: 양도일 전후 3개월 내에 잔금일이 아닌 계약일이 있어야 함. 즉, 계약일 기준임)이나, 감정평가 등을 근거로 거래가액을 정했다는 것을 입증할 수 있어야 합니다. 둘째, 자녀는 실제 매매대금을 부모에게 지급했다는 금융증빙을 갖추어야 하는 것뿐만 아니라, 자금에 대한 출처까지 소명할 수 있어야 합니다.

직계존비속 또는 배우자 간의 부동산 거래 시 시가에 대한 근거자료와 대가증빙 금융자료를 양도소득세 신고 시 세무서에 첨부자료로 제출하지 않는 경우에는 세무서에서 이에 대한 소명요청이 올 수 있습니다. 따라서 거래를 진행하기 전에, 시가에 대해서 감정평가 등(또는 유사매매사례가액)을 받을지 여부와 자금조달에 대한 방법을 충분히 검토 후 진행해야 합니다.

SOLD

⑦ 부모자식 간의 저가양수도 거래의 장점과 단점

최근 절세수단으로서 저가양수도 거래에 대한 관심이 높아졌습니다. 상담하러 온 사람들이 먼저 "부모와 자식 간에는 30% 이상 저가로 거래해도 아무 문제 없다는데요?"라며 이야기를 꺼내기도 합니다. 실제로도 저가양수도 거래는 빈번하게 발생하고 있습니다.

부모와 자식 간에 저가양수도 거래를 하는 경우 과연 어떻게 세금을 내게 될까요?

저가양도(부모 입장)

부모와 자식 간에 양도 거래를 하는 경우에는 그 거래가액을 시가대로 거래해야 합니다. 과세관청 입장에서는 부모가 자녀에게 주택을 저가로 매도하는 경우, 부모가 납부해야 할 양도소득세를 부당하게 탈루한 것으로 볼 수 있기 때문입니다.

세법에서는 시가와 거래가액의 차액이 시가의 5%와 3억 원 중 작은 금액을 초과하는 경우, 부모와 자식 간에 거래한 거래가액을 인정하지 않고, 시가를 기준으로 양도소득세를 재계산하게 되어있습니다.

소득세법 시행령 제167조(양도소득 부당행위 계산)

③ 법 제101조제1항에서 "조세의 부담을 부당하게 감소시킨 것으로 인정되는 경우"란 다음 각 호의 어느 하나에 해당하는 때를 말한다. 다만, 시가와 거래가액의 차액이 3억 원 이상이거나 시가의 100분의 5에 상당하는 금액 이상인 경우로 한정한다.

1. 특수관계인으로부터 시가보다 높은 가격으로 자산을 매입하거나 특수관계인에게 시가보다 낮은 가격으로 자산을 양도한 때
2. 그 밖에 특수관계인과의 거래로 해당 연도의 양도가액 또는 필요경비의 계산시 조세의 부담을 부당하게 감소시킨 것으로 인정되는 때

만약 부모의 시가 15억 원의 아파트를 자녀에게 13억 원에 양도하는 경우, 다음과 같이 부당행위계산 대상 여부를 파악하게 됩니다.

저가양도금액(15억 원-13억 원) = 2억 원
〉Min[시가(15억 원) x 5%, 3억 원] = 0.75억 원

부모와 자식 간에 거래한 저가양도금액(2억 원)이 부당행위계산 기준금액(7,500만 원)을 초과했으므로, 부모 아파트의 양도소득세는 실지 거래한 13억 원이 아닌, 시가 15억 원을 기준으로 재계산됩니다.

저가양수(자녀 입장)

자녀 입장에서 부모의 시가 15억 원 아파트를 13억 원에 매수한다면, 2억 원의 이익이 생기게 됩니다. 이는 2억 원을 부모에게 증여받은 것과 실질은 동일합니다. 「상증법」에서는 부모자식 간 이러한 저가양수도 거래에 대해서는 시가의 30%와 3억 원 중 작은 금액까지는 저가양수거래에 대한 증여세를 과세하고 있지 않습니다.

구분	적용규정	판단기준	과세
자녀	저가양수이익	Min(시가의 30%, 3억 원)	(시가 - 거래가액)- Min(시가의 30%, 3억 원)
부모	부당행위계산	Min(시가의 5%, 3억 원)	시가로 양도소득세 재계산

저가양수금액(15억 원-13억 원) = 2억 원

〈 Min[시가(15억 원) X 30%, 3억 원)] = 3억 원

즉, 자식이 부모로부터 저가양수한 금액(2억 원)이 시가의 30% 이상 또는 3억 원에 미달하므로 자녀의 저가양수이익에 대하여 증여세가 과세되지 않습니다.

이와 같은 장점에도 불구하고 특수관계자 저가양수도 거래를 하는 경우에는 일반적인 제3자와의 거래보다 훨씬 높은 세무조사 위험을 가지고 있습니다. 시세 대비 과도한 저가양수도 거래를 하는 경우에는 국토부 실거래가신고시스템에서 이상거래 의심대상으로 분류되고, 한국부동산원 등에서 매수자 및 매도자에게 증빙 자료제출을 요청하게 됩니다. 이때 자금조달계획서 등을 종합 검토 후 탈세의심 정황이 있는 경우에는 국토부에서 국세청 등 관련기관으로 통보되게 됩니다.

현재 한국부동산원에서 자료 제출을 요청하는 사례를 보면, 자기자본 대비 차입금 과다, 특수관계자 간 직거래, 소득 대비 과도한 매입자금 등 다양한 사유로 통보되고 있는 현실입니다. 이 중 '특수관계자간 저가양수도 거래'는 변칙증여 의심사례로서 국토부에서 거래를 검토 후 국세청에 매번 통보되는 대표 사례입니다. 국세청은 이 통보

주요 국세청 통보 사례 (편법 · 불법 증여 관련)

1) 임대보증금 형식으로 편법 증여 의심

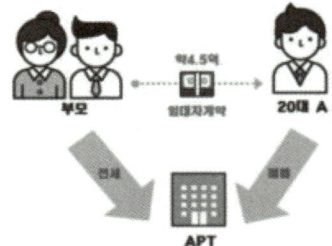

① 20대 A는 **부모님을 임차인으로** 등록하고 임대보증금(전세금) 형태로 약 4.5억원을 받아,

② 금융기관 대출금 약 4.5억원과 자기자금 1억원으로 10억원 상당 서초구 소재 아파트를 '19.6월 매수

⇒ 임대보증금 형태 편법 증여 의심 사례로 국세청 통보

2) 가족 간 저가 양도에 따른 편법 증여 의심

① B부부는 시세 17억 상당의 서초구 소재 아파트를 20대 자녀에게 매매 하면서,

② 세금 납부액을 줄일 목적 등으로 시세 대비 약 5억원 낮은 약 12억원에 '19.10월 거래

⇒ 가족 간 저가 양도에 따른 탈세 의심사례로 국세청 통보

3) 가족 간 금전거래로 편법 증여 의심

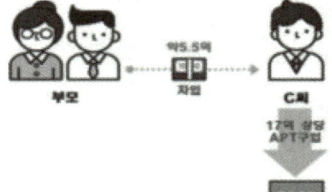

① C씨는 자기자금 거의 없이(약 5천만원) 17억 상당의 강남구 소재 아파트를 '19.8월 매수하면서,

② 신용대출 약 1.5억과 전세보증금 약 9.5억을 포함하여

③ 부모님으로부터 **차용증 작성 없이** 약 5.5억원을 '19.8월 차용하였음

⇒ 편법증여 의심사례로 국세청 통보

출처: 보도자료 국토부

된 자료를 바탕으로 자금출처조사 또는 차입금 등에 대한 부채의 사후관리 등을 진행하고 있습니다.

자금출처조사는 '상증세법상 세무조사'이므로, 자녀(매수자)와 부모(매도자)의 금융조사가 함께 이루어집니다. 자금출처조사대상자로 선정되는 경우에는 저가양도 거래에 대한 양도소득세 부당행위계산이나, 저가양수로 인한 증여세 과세검토는 물론, 자녀의 자금출처에 대한 전반적인 조사가 이루어지게 됩니다. 즉, 자녀의 과거 전세금 출처, 이전 부동산 구입자금, 부모로부터 차용금액 등에 대해서 조사가 이뤄지게 되고, 자금 출처가 부모로부터 나온 경우에는, 부모의 사업체에 대한 통합조사(법인세, 부가세)까지 진행될 수 있습니다.

철저한 사전검토 없이 저가양수도 거래를 하는 경우 세무조사로 오히려 훨씬 더 많은 세금(법인세, 소득세, 부가세, 증여세 등)을 추징당할 가능성도 있다는 점을 염두에 두고, 반드시 사전에 전문가와 철저히 확인 후 저가양수도 거래의 진행 여부를 결정해야 합니다.

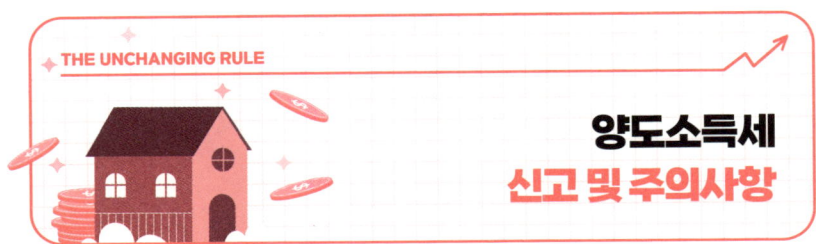

양도소득세 신고 및 주의사항

SOLD

양도소득세 예정신고와 확정신고

양도소득세의 예정신고는 양도한 달의 말일로부터 2개월 이내에 신고·납부를 해야 합니다. 예를 들어 2025년 12월 20일에 아파트 잔금을 수령했다면, 12월 말로부터 2개월 이후인 2026년 2월 28일까지 양도소득세를 신고 납부해야 합니다.

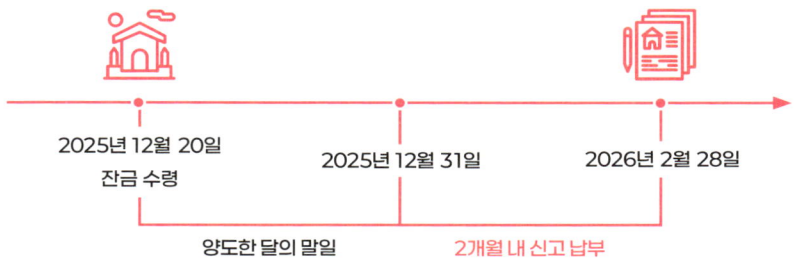

2025년 12월 20일
잔금 수령

2025년 12월 31일

2026년 2월 28일

양도한 달의 말일

2개월 내 신고 납부

동일한 연도에 기본세율(6~45%)이 적용되는 주택(주택 A, 주택 B)을 2회 이상 양도한 경우에는 2가지 방법 중 하나로 신고할 수 있습니다.

> ① 주택 A와 주택 B를 각각 별도로 예정 신고한 후, 다음 해 5월 31일까지 소득금액을 합산해 확정신고하는 방법
> ② 먼저 양도한 주택 A를 예정신고 후, 나중에 양도한 주택 B의 예정신고 시 먼저 양도한 주택 A의 소득금액을 합산해 예정신고하는 방법

①번처럼 각각 예정신고한 경우에는 다음 해 5월 31일까지 두 자산의 소득금액을 합산해 확정신고를 별도로 해야 하나, ②번처럼 같은 해 가장 나중에 양도한 자산의 예정신고 시 먼저 양도한 자산을 합산해 예정신고한 경우에는 그다음 해에 별도로 확정신고를 할 필요는 없습니다.

납부

양도소득세는 양도일이 속하는 달의 말일로부터 2개월 이내 신고

및 납부까지 완료해야 합니다. 만약 납부할 양도소득세가 1천만 원이 넘는 경우에는 2개월 분납도 가능합니다.

구분	양도소득세	지방소득세
납부 기한	양도일이 속하는 달의 말일로부터 2개월 이내 납부	양도일이 속하는 달의 말일로부터 4개월 이내 납부
분납 여부	납부할 세액이 1천만 원 초과 시 납부기한 경과 후 2개월 분납 가능 ① 납부할 세액이 2천만 원 이하인 때에는 1천만 원 초과하는 금액 ② 납부할 세액이 2천만 원 초과하는 때에는 그 세액의 100분의 50 이하의 금액	분납제도 없음

예를 들어 2025년 12월 양도한 주택의 양도소득세가 총 1억 원인 경우, 예정신고 기한 2026년 2월 28일까지 50%를 납부하고, 나머지 50%는 2개월 후인 2026년 4월 30일까지 분납할 수 있습니다.

가산세

양도소득세를 예정신고 기한 내에 신고 납부하지 않으면, 무신고 가산세와 납부지연 가산세를 내야 합니다. 무신고 가산세는 납부금액의 20%이며, 납부지연가산세는 1일당 0.022%(연간 8.030%) 입니다.

양도소득세 신고 시 준비해야 할 서류

양도소득세를 신고할 때 가장 기본이 되는 서류는 취득 시 매매계약서와 양도 시 매매계약서입니다. 그 외 취득세 등록세 영수증, 법무사 수수료 비용, 중개수수료 영수증이 기본적으로 필요합니다. 일반 분양자가 분양받은 아파트인 경우에는 분양계약서, 옵션계약서, 분양권전매 취득계약서 등이 추가로 필요하고, 조합원 아파트인 경우에는 종전주택 취득계약서, 관리처분내역(종전주택 평가액, 청산금 등)에 대한 자료가 필요합니다.

구분	기본 필요서류	
양도가액	· 매도계약서	
취득가액	· 매수계약서 · 취득세 영수증	· 법무사 수수료 영수증 · (취득 시) 중개수수료
자본적 지출	· 샷시, 보일러, 에어컨 교체 등	· 방 확장, 거실바닥교체 등
양도비용	· (양도 시) 중개수수료	· 세무신고 수수료

홈택스 전자신고

회사원 A씨는 2016년에 일반분양으로 취득한 경기도 아파트를 2025년 8월에 13억 원에 양도했습니다. 경기도 아파트 외에는 다른 주택이 없었던 A씨는 비과세를 적용해 홈택스를 이용해 직접 신고하려고 합니다.

구분	내용	비고
양도일	2025년 8월 08일	
취득일	2016년 3월 01일	
보유기간	9년 이상 10년 미만	
거주기간	3년 이상 4년 미만	
양도가액	1,300,000,000원	
취득가액	446,672,200원	일반분양(옵션 포함)
취득세 등	4,913,390원	
중개수수료	4,500,000원	

• 홈택스 로그인 및 양도소득세 신고

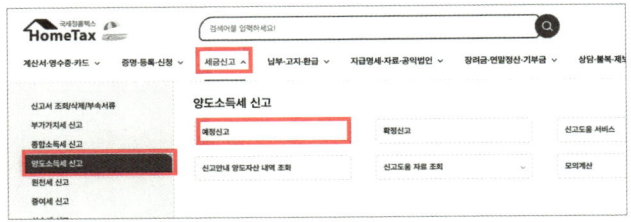

홈택스 로그인 후 '세금신고' → '양도소득세 신고' → '예정신고' 이동

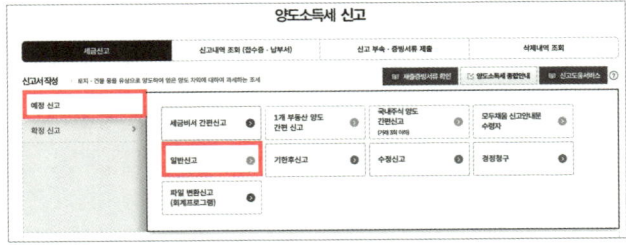

'양도소득세신고' → '예정신고' → '일반신고' 이동

부동산 매도 불변의 법칙

• 기본정보 입력

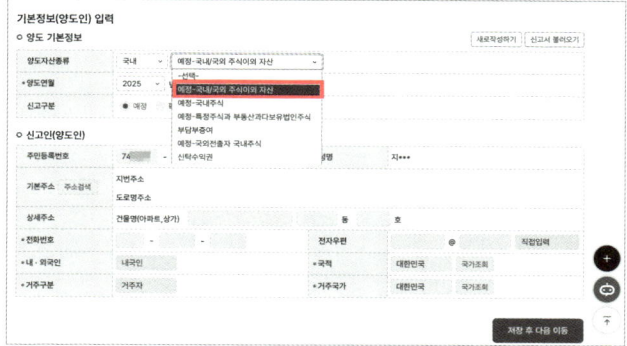

양도자산의 종류 선택 → '예정-국내/국외 주식이외 자산' 선택

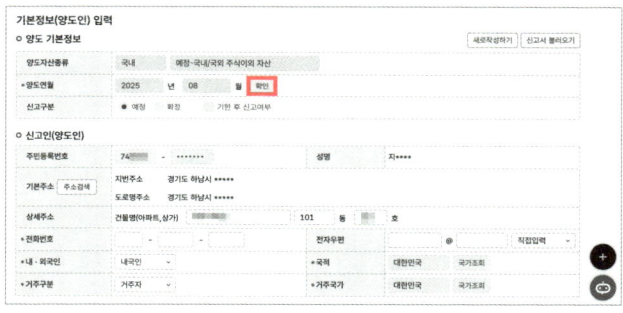

양도연월 입력 → 신고인(양도인) 정보 입력

양수인 정보 입력 → '양수인 추가' 클릭 후 양수인 정보 입력

(양수인이 2명 이상인 경우에는 지분별로 각각 입력)

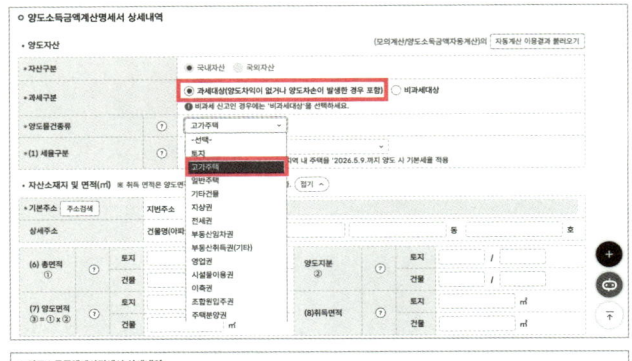

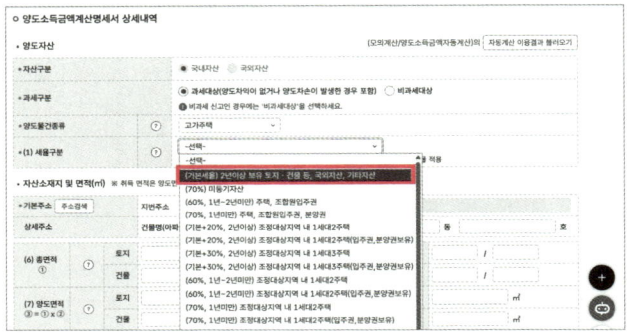

① 자산구분: '국내자산' 선택

② 과세구분:

- 비과세 요건을 갖추고, 양도가액이 12억 이하인 경우에는 '비과
  세대상' 선택

- 비과세 요건을 갖추었으나, 양도가액이 12억 초과인 경우에는
  '과세대상(양도차익이 없거나, 양도차손이 발생한 경우 포함)'을 선택

③ 양도물건의 종류: 양도가액이 12억 초과인 경우 → '고가주택'

④ 세율구분: '(기본세율) 2년 이상 보유 토지 건물 등' 선택

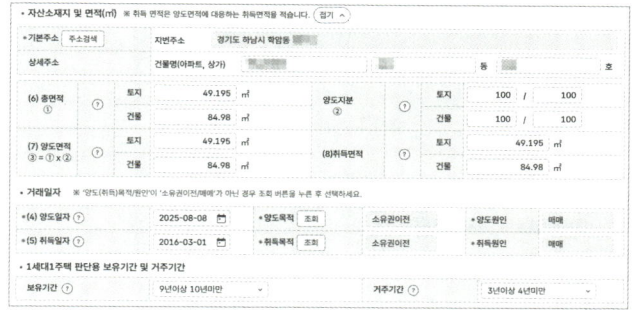

① 자산소재지 및 면적, 거래일자: 매매계약서상의 양도자산 정
보를 입력[양도자산이 50:50 공동명의인 경우에는 양도지분에 본
인 지분(50/100)만 입력]

② 1세대 1주택 판단용 보유기간 및 거주기간

  - 보유기간: 양도자산의 취득일~양도일까지의 보유기간 입력

  - 거주기간: 보유기간 중 거주기간 입력

• 양도소득금액 계산

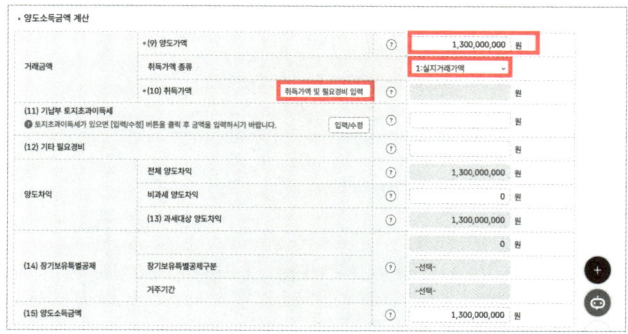

① '양도가액'에는 매매계약서상의 양도가액을 입력

② '취득가액 종류'는 '1:실지거래가액'을 선택

③ '취득가액 및 필요경비 입력'을 클릭

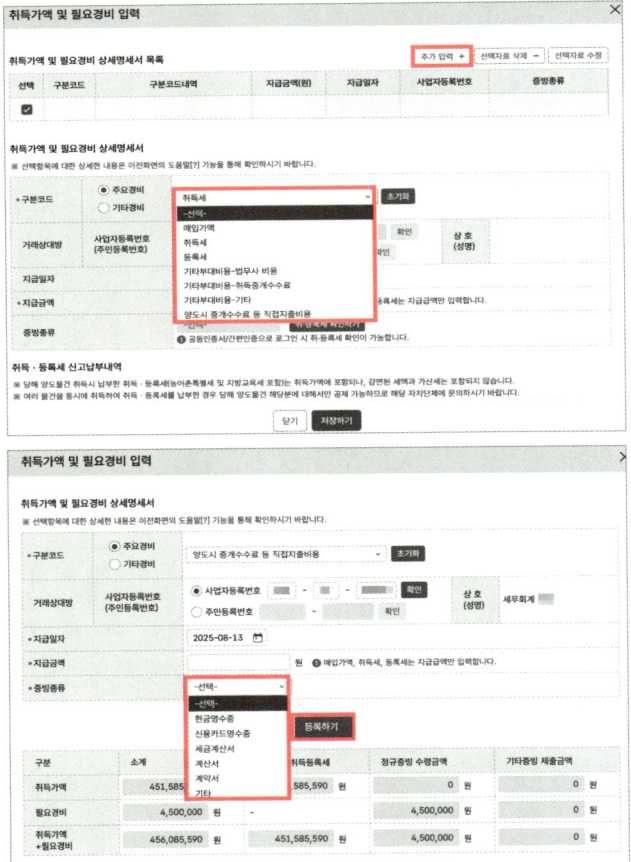

① '추가입력' 버튼을 클릭

   - 주요경비: 매입가액, 취득세, 법무사 비용, 중개수수료, 수수료 비
    용, 세무신고 수수료 등을 차례로 입력

   - 기타경비: 용도변경, 개량, 냉난방설치 등 자본적 지출액, 매수자
    부담 양도소득세 등 입력

② 각 항목에 해당하는 증빙의 사업자등록번호, 지급일자, 지급금액,

증빙종류를 입력

③ 각 항목에 대한 입력이 완료되면 항목별로 '등록하기' 버튼 클릭

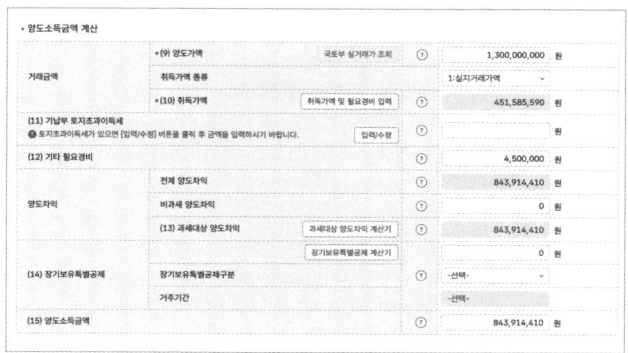

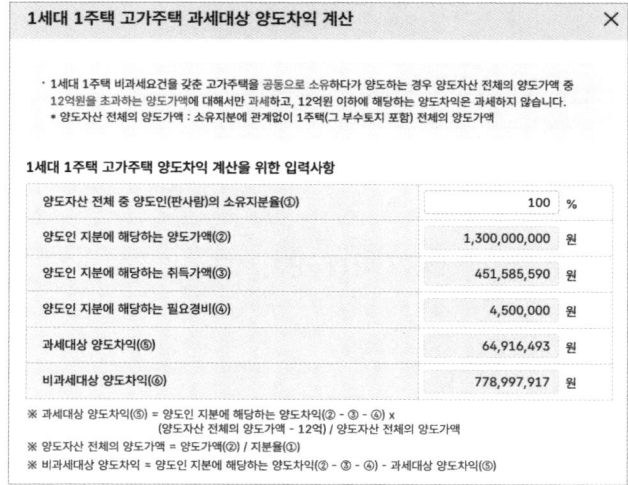

① '과세대상 양도차익 계산기' 버튼을 클릭해 1세대 1주택 고가주택
  양도차익 계산이 적정하게 계산되었는지 확인

② '비과세대상 양도차익' 금액이 적정하게 계산되었으면, '확인'을
  클릭해 양도소득금액 계산에 반영

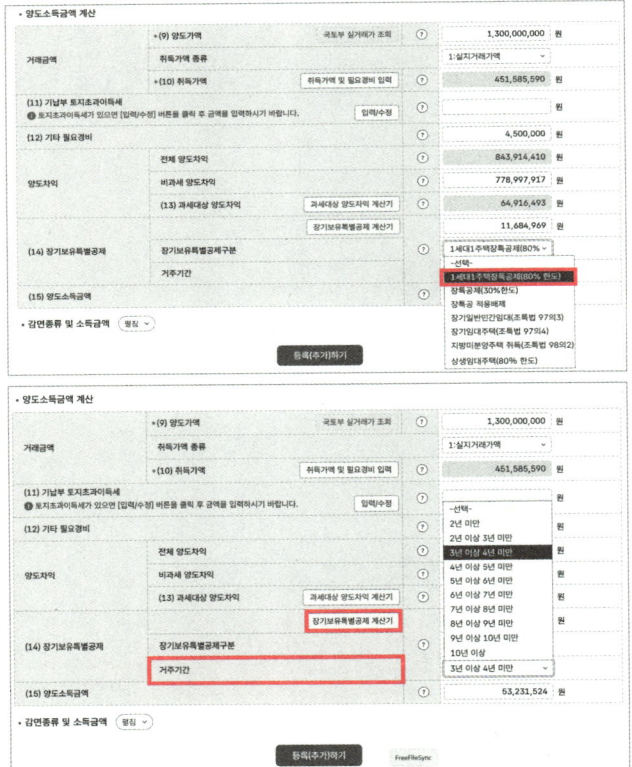

① 장기보유특별공제액을 반영하기 위해 '장기보유특별공제 계산기'를 클릭

② 장기보유특별공제구분에서

- 2년 이상 거주기간을 충족한 1세대 1주택인 경우에는 '1세대1주택 장특공제(80% 한도)'를 선택

- 2년 이상 거주기간을 충족하지 못한 경우에는 '장특공제(30% 한도)' 선택

③ '거주기간'에서 전 세대원이 실제 거주한 기간을 입력

④ '장기보유특별공제 계산기' 클릭

부동산 매도 불변의 법칙

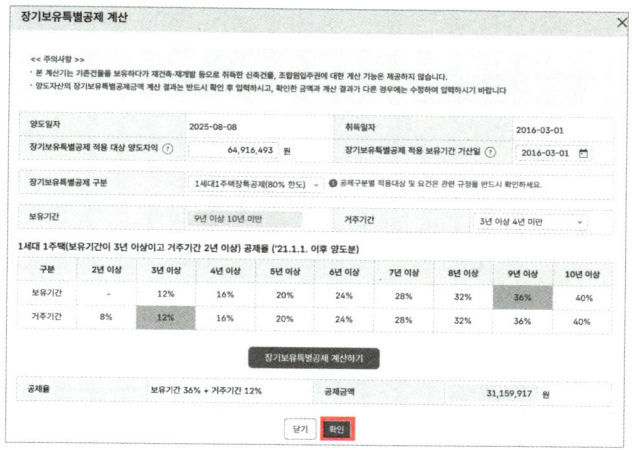

장기보유특별공제액이 정확히 계산되었는지 체크한 후 '확인' 버튼
클릭

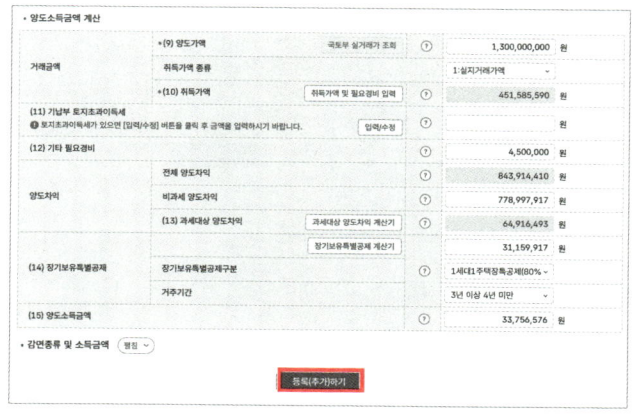

양도소득금액 계산 화면에서 비과세 양도차익과 장기보유특별공제
액이 정확히 계산되었는지 체크한 후 '등록(추가)하기' 버튼 클릭

• 세액계산 및 확인

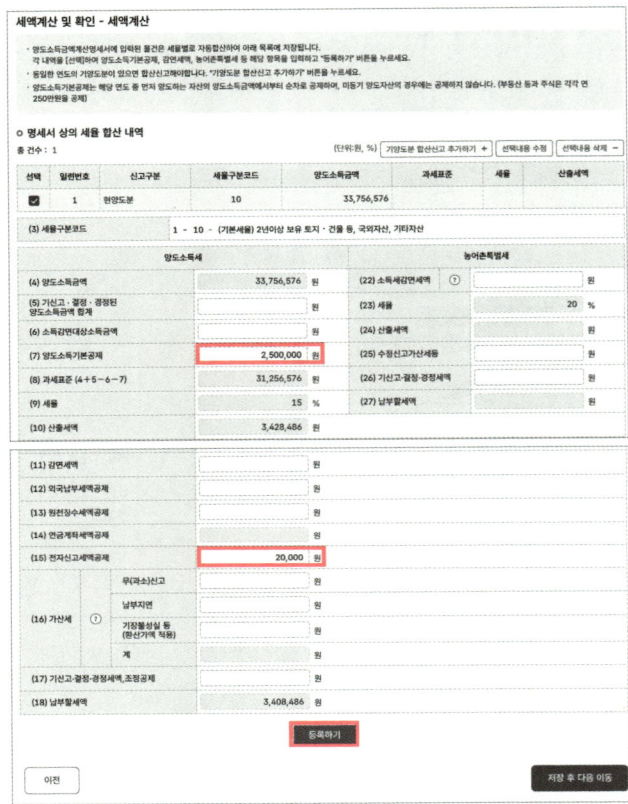

① '양도소득기본공제'를 입력(연간 250만 원 한도)

② '전자신고 세액공제'를 입력(전자신고 1건당 2만 원)

③ 최종 납부할 세액 확인 후 '등록하기' 클릭

• 양도소득세 신고서 제출

① 과세표준과 세액을 최종 확인 후, '신고서 제출' 버튼을 클릭해 신고를 종료

• 양도소득세 및 지방소득세 접수증 및 납부서 출력

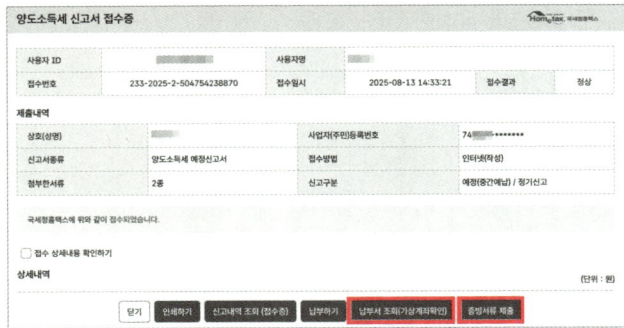

① 신고가 완료되면 '양도소득세 신고서 접수증'이라는 팝업창이 나옴

② '납부서조회(가상계좌확인)'를 클릭하면 '납부서목록' 팝업창이
나옴

③ 납부서목록에서 '납부서'를 클릭해 양도소득세 납부서를 출력

④ 납부서목록에서 '지방소득세'를 클릭하면 지방소득세 신고로 이
동[지방소득세는 지방소득세 신고사이트(Wetax 또는 서울시 Etax)로
자동연계되어 신고]

부동산 매도 불변의 법칙

• 증빙서류 제출

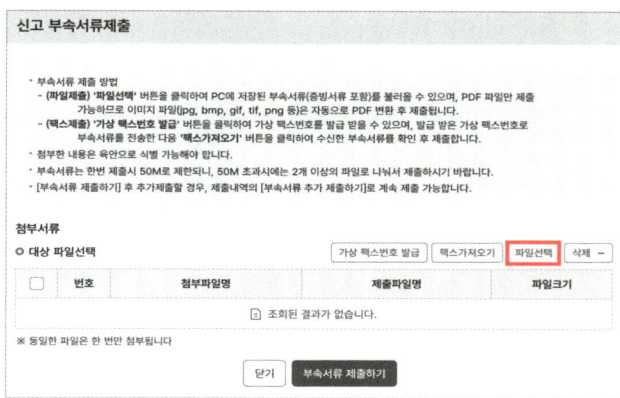

① 양도소득세 신고서 접수증 팝업창에서 '증빙서류제출'을 클릭

② 신고부속서류 제출화면에서 '파일선택'을 클릭

③ 첨부서류는 매수계약서, 매도계약서, 중개수수료 영수증 등, 취득
가액 입증서류를 pdf 파일로 변환해 제출 가능(사진파일은 자동으
로 pdf 파일로 변환됨)

7장

·

매도 완료 후 최종 점검 체크리스트

잔금 수령 후
매도자의 역할

계약이 성사되고, 잔금까지 수령했다고 해서 모든 절차가 끝난 것은 아닙니다. 실제로 부동산 매도 이후에도 매도자가 책임지고 처리해야 할 일들이 남아있습니다. 특히 잔금 수령 이후는 등기 이전과 점유 이전이 동시에 일어나는 시점이기 때문에 모든 것을 명확하게 정리하고 인계해야, 추후 분쟁이나 불필요한 연락을 피할 수 있습니다.

잔금 수령 확인과 인계 절차

부동산 매매에서 잔금 수령은 단순한 입금 행위를 넘어, 법적으로 소유권 이전의 전제가 되는 중요한 절차입니다. 따라서 잔금을 실제로 수령한 것을 정확히 확인한 뒤에만 열쇠나 관련 서류를 인계하는 것이 원칙입니다.

잔금을 계좌이체로 받는 경우에는 은행 앱이나 인터넷뱅킹을 통해 즉시 입금 여부를 확인한 뒤, 입금이 완료된 것이 확인되었을 때 인계를 진행해야 합니다.

잔금을 수표, 특히 자기앞수표로 받는 경우에는 수표를 받은 직후 은행 창구를 방문해 즉시 예치하거나 진위 여부를 확인하는 것이 좋습니다. 자기앞수표는 일반적으로 안전한 지급 수단이지만, 상황에 따라 당일 인출이 불가능할 수도 있으므로 반드시 금융기관에서 이상 여부를 확인해야 합니다. 문제가 없다고 판단되면 이때를 기준으로 잔금 수령이 완료된 것으로 간주할 수 있습니다.

잔금 수령이 확인된 후에는 집 열쇠, 디지털 도어록 번호, 공동현관 비밀번호, 우편함 열쇠 등을 매수자에게 인계합니다. 만약 가전제품이나 옵션 물품이 포함되어 있다면, 해당 인수 목록을 별도의 문서로 정리해 함께 전달하는 것이 바람직합니다.

이 모든 인계 절차는 반드시 잔금 입금 '이후'에 이루어져야 하며, 순서가 바뀌는 경우에는 향후 법적 분쟁의 원인이 될 수 있습니다. 그러므로 잔금 수령과 인계는 하나의 체계적인 흐름으로, 꼼꼼하고 신중하게 마무리해야 합니다.

공과금 및 관리비 정산

부동산 매매에서 매도자는 해당 주택을 점유했던 기간 동안의 공과금과 관리비를 정확히 정산해야 할 의무가 있습니다. 이 정산이 불

명확하게 이루어지면, 추후 매수자가 추가 금액을 부담하게 되는 일이 발생할 수 있으며, 관리사무소 측에서도 매도자와 매수자 양측에 이중 청구를 하는 불필요한 혼선이 생길 수 있습니다.

정산 대상이 되는 항목에는 전기요금(한국전력), 수도요금(지방자치단체), 도시가스요금(도시가스 회사), 인터넷 및 TV 사용료(통신사), 그리고 단지 관리비(관리사무소)가 포함됩니다. 각 항목은 해당 공급처의 고객센터나 전용 애플리케이션을 통해 사용량과 납부 여부를 확인할 수 있습니다. 필요한 경우 납부 영수증을 발급받아 증빙 자료로 활용하는 것이 좋습니다.

정산 기준일은 보통 매매계약서에 명시된 '잔금일' 또는 '등기 이전일'을 기준으로 삼으며, 해당 월의 비용을 날짜 기준으로 일할 계산해 매도자와 매수자가 각각 부담하는 방식이 일반적입니다. 예를 들어 잔금일이 5월 20일이라면 5월 1일부터 20일까지는 매도자가, 21일부터 말일까지는 매수자가 해당 비용을 부담합니다.

가능하다면 마지막 관리비 고지서나 공과금 사용내역서를 출력해 매수자에게 직접 전달하는 것이 좋습니다. 이는 거래 이후 발생할 수 있는 불필요한 분쟁을 예방하고, 매도자에 대한 신뢰도를 높이는 데도 긍정적인 역할을 합니다.

정리 및 인계 완료 체크리스트

잔금 수령 후 매도자가 해야 할 마무리 사항은 다음과 같습니다.

- ☐ 잔금 입금 확인 또는 수표 예치 확인
- ☐ 열쇠, 번호, 도어록 등 인계 완료
- ☐ 관리사무소에 소유자 변경 통보
- ☐ 공과금 및 관리비 정산 및 내역 전달
- ☐ 통신사, 도시가스 해지 및 명의 이전 신청
- ☐ 인수인계 목록 간단히 문서화(선택 사항)
- ☐ 등기 이전(보통은 중개사와 법무사가 처리하나, 상황별 확인 필요)

잔금 수령은 매도 절차의 '끝'이 아니라, 책임 있는 마무리를 위한 '시작'입니다. 잔금 입금 확인 후 정확한 순서에 따라 인계 절차를 밟고, 공과금 정산 및 소유권 이전 관련 사항까지 깔끔하게 처리해야 매도자로서의 의무를 완벽히 마무리했다고 할 수 있습니다. 이 과정을 잘 관리하면 계약도, 관계도, 기록도 모두 정돈된 거래로 남게 됩니다.

**매도자의 마지막 책임,
이전 등기와 문서 정리**

부동산 매도 절차에서 마지막 단계는 이전 등기와 관련 서류 정리입니다. 잔금을 수령하고, 열쇠를 인계한 이후에도 매도자가 끝까지 책임 있게 처리해야 할 중요한 행정 절차가 남아있습니다. 특히 등기 이전은 법적 소유권을 매수자에게 넘기는 핵심 단계이기 때문에 책임 범위와 필요한 서류들을 명확히 이해하고 관리하는 것이 중요합니다.

등기 이전은 잔금 지급 이후 진행

부동산 거래에서 소유권 이전 등기는 원칙적으로 잔금이 전액 지급된 이후에 이뤄집니다. 이 등기 절차는 대부분 매수자 측에서 선임

한 법무사나 대리인이 전담해 처리합니다.

일반적인 절차는 다음과 같습니다. 먼저 매도자는 잔금을 모두 받은 뒤 등기에 필요한 서류들, 예를 들어 등기필증, 인감증명서, 위임장 등을 법무사나 매수자 측에 전달합니다. 이후 법무사가 이를 가지고 관할 등기소에 소유권 이전 등기를 신청하게 되며, 등기 완료 후에는 매수자 명의로 등기 완료 통지서와 부동산 거래 신고필증 등이 발급됩니다.

매도자의 입장에서는 잔금 수령 후 필요한 서류만 제출하면 되고, 이후의 등기 절차는 법무사가 대부분 진행하기 때문에 별다른 부담은 없습니다. 그러나 등기 이전이 정확히 완료되었는지는 매도자 스스로 대법원 등기소 사이트를 통해 확인하는 것이 좋습니다.

통상적으로 소유권 이전 시점은 잔금 지급일 또는 등기 신청일 중 더 빠른 날로 간주됩니다. 다만 실무상 잔금 중 일부가 소액으로 유보되어 있더라도, 전체 매매 대금의 90% 이상이 지급되었다면 거래가 사실상 성립된 것으로 봅니다. 이 시점을 기준으로 매수자가 새로운 소유자로 인정된다는 점을 기억해두는 것이 중요합니다.

매도자가 정리하고 보관해야 할 문서 목록

등기 이전이 완료된 이후에도, 매도자는 거래 기록을 정리해 보관해야 합니다. 이는 향후 세무 신고, 법적 분쟁 대응, 실거래 신고 이력 확인 등을 위해 필수적인 절차입니다.

꼭 보관해야 할 문서들

① 매매계약서 원본: 거래 조건, 금액, 입주 일정, 특약 내용 등 핵심 계약 내용을 담고 있는 최종 원본

② 잔금 수령 확인 증빙 영수증: 계좌이체 내역, 수표 예치 확인서, 영수증 등

③ 정산서 및 기타 확인서: 공과금 · 관리비 정산 내역, 인수인계 확인서, 임차인 퇴거 확인 등

④ 신고거래필증(부동산거래계약신고필증): 실거래가 신고가 완료되면 시·군·구청 또는 중개업소를 통해 발급받을 수 있으며, 세무신고 및 증빙 자료로 활용

세무서에 양도세를 신고할 때, 원본 또는 사본 제출을 요구할 수 있으므로 최소 5년 이상 보관하는 것이 안전합니다. 이전 등기와 관련 문서 정리는 부동산 매도의 진짜 마무리입니다. 법무사를 통해 이전 등기를 원활히 진행하고, 모든 거래 기록과 정산 내역을 명확히 정리해두는 습관은 향후 세금 문제, 법적 분쟁, 재산 이력 확인 등의 상황에서 매도자를 보호하는 확실한 방패가 됩니다. 정리는 곧 책임입니다. 책임 있는 매도자가 거래의 마지막을 깔끔하게 완성합니다.

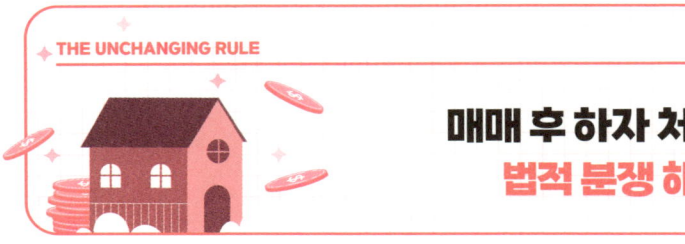

매매 후 하자 처리 등
법적 분쟁 해결법

SOLD

부동산 매매 거래와 하자담보책임

매도인들이 부동산을 팔고 난 이후에도 곤혹스러운 순간이 발생할 수 있는 것이 바로 '하자 문제'입니다. 하자 문제에 대한 불안의 근원이자, 매매계약에 따른 이행이 마쳐진 후에도 매도인의 발목을 잡을 수 있는 법적 책임이 바로 매도인의 '하자담보책임'입니다.

하지만 과도하게 걱정할 필요는 없습니다. 매도인의 하자담보책임은 계약 과정에서 어떻게 대응하느냐에 따라 충분히 그 범위를 제한하고 관리할 수 있기 때문입니다. 이제부터 매도인이 반드시 알아야 할 하자담보책임의 정확한 의미와, 그 책임으로부터 매도인을 지켜줄 '특약' 활용법, 그리고 분쟁을 미연에 방지하는 현명한 전략에 대해 알아보겠습니다.

잘못이 없어도 책임져야 하는 '무과실 책임'

하자담보책임이란 매매계약이 유효하게 체결되었음에도 불구하고 판매한 부동산에 하자가 있을 때 매도인이 매수인에 대해 부담하는 법적 책임을 말합니다. 「민법」 제580조는 "매매의 목적물에 하자가 있는 때에는 제575조 제1항의 규정을 준용한다"고 규정해 매도인의 하자담보책임을 명시하고 있습니다.

여기서 매도인이 가장 먼저 기억해야 할 핵심적인 특징은 이 책임이 매도인의 '무과실 책임'이라는 점입니다. '무과실 책임'이란 단어 그대로 매도인에게 아무런 잘못이 없어도 책임을 져야 한다는 뜻입니다. 즉, 매도인이 그 하자의 존재를 전혀 몰랐거나, 하자를 만드는 데 아무런 잘못이 없었더라도, 계약을 체결할 당시에 이미 부동산에 하자가 존재했다면 원칙적으로 그에 대한 책임을 져야 합니다.

예를 들어 매도한 부동산을 수년 동안 보유하면서 전혀 인지하지 못했던 주택 내부의 미세한 방수층 균열이 매수인이 입주한 뒤에야 발견되었더라도, 그 균열이 계약 시점에 이미 존재했던 것이라면 매도인에게 책임이 돌아올 수 있습니다.

매도인 입장에서는 "나도 몰랐던 누수인데 왜 내가 책임져야 하냐"며 억울할 수 있습니다. 하지만 우리 법이 이처럼 매도인에게 무거운 책임을 지우는 이유는, 부동산이라는 고가의 재산을 거래할 때 정보가 부족한 매수인을 보호하고 거래의 신뢰를 지키기 위함입니다. 법은 매도인이 매수인보다 해당 부동산에 대해 훨씬 더 잘 알고 있다고 전제하기 때문입니다. 따라서 매도인은 이 책임을 개인적인 억울함의 문제가 아닌, 부동산을 파는 사람에게 일반적으로 부여된 의무로 이해하고 '하자담보책임을 어떻게 관리할 것인가'로 집중해야 합니다.

하자의 의미 및 발생 시기

그렇다면 법적으로 인정되는 '하자'란 무엇일까요? 단순히 벽지가 낡거나 문고리가 헐거운 것과 같은 세월의 흔적, 즉 통상적인 마모나 노후화를 의미하는 것이 아닙니다. 여기서 말하는 하자란 건물의 안전이나 정상적인 사용에 지장을 줄 정도의 중대한 결함, 즉 거래 통념상 해당 건물이 당연히 갖추고 있어야 할 품질이나 성능을 갖추지 못한 경우를 뜻합니다.

가장 대표적인 예로는 눈에 잘 보이지 않는 누수나 결로, 건물의 구조적 안전을 위협하는 균열, 지반 침하, 보일러나 상하수도 배관과 같은 주요 설비의 근본적인 고장, 법규 위반으로 인한 철거 위험 등을 들 수 있습니다. 이와 같은 문제들은 건물의 교환 가치를 현저히 떨어뜨리고 안전한 사용을 방해하기에 명백한 하자로 인정됩니다.

이와 같은 하자는 매수인이 이사 온 후에 새로 생긴 것이 아니라, 반드시 매매계약을 체결할 당시에 이미 존재했던 것이어야 합니다. 즉, 계약 체결 후에 새롭게 발생한 문제는 하자담보책임의 대상이 되지 않으므로, 하자가 당사자 일방에 이미 존재했는지 여부가 중요합니다. 분쟁이 발생해 하자담보책임을 묻고자 할 때 매수인은 하자가 계약 시점 이전에 발생했다는 사실을 입증해야 합니다.

매도인의 하자담보책임: 손해배상책임, 매수인의 계약 해제권 행사

매매한 부동산에서 하자가 발견되었다면, 매수인은 매도인에게 크게 2가지 권리 행사를 고려할 수 있습니다. 매수인은 하자를 사유로 매도인에게 수리비 등 손해배상을 청구할 수 있고, 하자가 매우 중대해 도저히 계약 목적을 달성할 수 없는 정도임을 들어 예외적으로 계약 자체를 해제할 수도 있습니다.

첫째, 손해배상을 청구할 수 있습니다. 이는 하자담보책임의 가장 일반적인 효과로, 매수인은 하자를 보수하는 데 들어가는 비용이나 하자로 인해 발생한 가치 하락분 등 손해에 대한 배상을 청구할 수 있습니다. 손해배상은 보통 수리비에 해당하는 금액을 기준으로 합니다. 다만 하자로 인해 발생한 직접적 손해뿐 아니라 그와 밀접한 관련이 있는 간접적인 손해까지 포함될 수 있습니다.

둘째, 하자가 매우 중대하다면 계약 자체를 해제할 수 있습니다. 하지만 계약 해제는 매우 예외적인 상황에서만 인정됩니다. 단순히 수리가 가능한 수준의 하자를 넘어, 그 하자로 인해 부동산을 매수한 본래의 목적을 도저히 달성할 수 없을 정도의 근본적인 결함이 있어야 하기 때문입니다. 일반적인 누수나 균열 등의 하자는 손해배상의 대상이 될 수 있지만 계약의 해제 사유로는 인정되기 어려운 것이 현실입니다.

하지만 매수인의 이 권리는 무한정 인정되지 않습니다. 바로 '제척

기간'이라는 엄격한 시간제한이 따르기 때문입니다. 이는 법률이 정해놓은 권리를 행사할 수 있는 고정된 기간으로, 소멸시효와 달리 중간에 멈추거나 늘어나는 일 없이 무조건 흘러가는 '권리의 유효기간'과 같습니다. 매수인은 그 하자를 발견한 날로부터 6개월 이내에 매도인에게 책임을 물어야만 합니다. 다만 이 6개월 안에 반드시 소송을 제기해야 하는 것은 아니며, 내용증명 등으로 하자에 대한 수리나 손해배상을 요구하는 의사를 명확히 전달하면 권리를 행사한 것으로 인정됩니다.

이와 별개로 매수인이 부동산을 인도받은 날로부터 10년이 지나면 '소멸시효'가 완성되어, 설령 6개월의 제척기간이 남았더라도 더 이상 권리를 행사할 수 없습니다. 제척기간은 권리 행사의 마감 시한, 소멸시효는 권리의 총 유효기간이라고 이해하면 쉽습니다.

SOLD

매도인의 하자담보책임 방어 전략: 특약 활용법

법률상 하자담보책임은 '임의규정'이라 '특약'으로 면제 가능

지금까지 설명한 하자담보책임은 매도인에게 상당히 불리하게 느껴질 수 있습니다. 하지만 하자담보책임에 대해 매도인이 법률상 의무에 묶여있지 않아도 됩니다. 바로 아래와 같은 이유 때문입니다.

「민법」상 매도인의 하자담보책임은 강행규정이 아닌 임의규정입니다. 이는 법령상 내용과 다르게 이는 '사적 자치의 원칙'에 따라 당사자 간의 합의를 통해 그 적용을 배제하거나 제한할 수 있다는 뜻입니다. 「민법」 제584조는 이를 간접적으로 인정하고 있습니다. 즉, 법은 매도인에게 불리한 기본 설정을 제공하지만, 그 설정을 바꿀 수 있는 권한 역시 당사자에게 부여한 것입니다.

하자담보책임이 임의규정이라는 점은 특히 지어진 지 오래된 부동산을 거래하는 경우에 중요한 의미를 갖습니다. 오래된 부동산의 경우 당연히 내구성이 떨어지고 수리가 필요한 부분이 있을 수밖에 없는데, 현존하는 모든 하자와 그에 대한 잠재적 위험을 매도인에게 부담하라고 하는 것은 형평성에 어긋나는 상황이 될 수 있기 때문입니다. 따라서 매도인은 계약 체결 시 하자담보책임 면제나 제한에 관한 특약을 명확히 기재함으로써 예상치 못한 분쟁을 예방할 수 있습니다.

매도인에게 유리한 하자담보책임과 관련한 특약 설정

매도인이 하자담보책임을 예방하기 위해서는 계약서에 구체적이고 명확한 특약을 기재하는 것이 중요합니다. 단순히 "현 상태 매매" 또는는 "현 시설 상태에서의 매매"라는 애매한 문구보다는 분명한 취지가 드러나도록 기재해야 실효성을 확보할 수 있습니다.

이른바 '현 상태 매매' 또는 '현 시설 상태 매매' 특약은 부동산 매매계약에서 관행적으로 기재되는 조항이지만, 그 법적 효력에 대해서는 신중한 검토가 필요합니다. 매도인 입장에서는 「민법」 제584조의 반대해석상 담보책임면제의 특약이 가능하므로, 하자담보책임의 면제 특약이 된다고 주장할 수 있습니다. 실제로 일부 판례에서는 이러한 특약을 담보책임 면제 판단의 근거로 본 경우가 있습니다.

그러나 매수인 입장에서는 계약서나 중개대상물 확인·설명서에 구체적 하자가 기재되지 않은 한 담보책임 면제의 특약이라고 볼 수 없는 통상의 기재에 불과하다고 주장해 맞설 수 있습니다.

하급심 판례에서도 "이러한 기재는 아파트의 매매에서 일반적으로 기재되는 내용으로 주로 장기간의 사용에 따른 통상적인 마모, 감손 등을 염두에 두고 기재된 것으로 보아야지, 광범위한 마루판 침하와 같은 현상으로부터 매도인을 면책하고자 하는 취지로 보기 어렵다"며 특약을 두었음에도 불구하고 하자담보책임을 인정한 사례가 있습니다(부산지방법원 2015. 12. 11. 선고 2014가단218364 판결 참조).

'현 상태 매매' 특약의 실효성을 높이기 위해서는 단순한 형식적 기재가 아니라 구체적인 하자 내용과 면책 범위를 명시해야 합니다. 당사자 일방 양 당사자가 구체적으로 어떤 시설 상태를 확인했는지, 어떤 하자에 대해 면책하기로 합의했는지를 상세히 기록하는 것이 중요합니다. 또한 매매계약 체결 과정에서 하자 및 그 담보책임 면제에 대한 확인이 있었음을 입증할 수 있는 녹취, 메시지 등 자료를 확보해두는 것이 분쟁 예방에 도움이 됩니다.

보다 효과적으로 특약을 기재한다면 "본 거래대상 부동산에 대한 노후화를 감안해 매매대금을 산정했고 매수인이 부동산에 관한 현황을 직접 확인했으므로 건물의 균열, 누수 등 하자에 대해서는 매도인이 책임지지 아니한다"는 방식으로 구체적으로 명시할 수 있을 것입니다.

매도인에게 유리한 특약 예시

본 부동산은 건축 후 OO년이 경과한 노후 건물임을 매수인이 충분히 인지하고, 현 시설 상태 그대로를 매수하는 것임. 따라서 당사자 일방에는 물론, 잔금일 이후에 발견되는 누수, 균열, 배관 문제, 결로 등 건물의 물리적 하자에 대해 매도인은 민법 제580조에 따른 하자담보책임을 일체 부담하지 않기로 상호 합의한다. 매수인은 이에 동의하며 향후 일절 이의를 제기하지 않는다.

만약 완전한 면책 특약에 매수인이 동의하지 않는다면, 책임을 제한하는 차선책을 활용할 수도 있습니다. 이를테면 하자담보책임의 기간이나 범위, 대상을 제한하는 특약을 설정하는 것입니다.

책임 기간 제한 특약 예시

"매도인의 하자담보책임 기간은 본 부동산의 인도일로부터 6개월까지로 한정하며, 그 이후에 발견되는 모든 하자에 대해서는 매수인이 책임을 진다."

책임 범위 제한 특약 예시

"잔금일로부터 3개월 이내에 누수가 발생할 경우, 그 수리비용은 200만 원 한도 내에서만 매도인이 부담하기로 한다."

책임 대상 제한 특약 예시

"매도인은 주요 구조부(벽, 기둥, 바닥, 보, 지붕틀)의 누수에 대해서만 인도일

최후 점검 사항: 알고 있는 하자는 반드시 고지해야 한다

매도인이 알고 있는 하자가 있다면 계약 체결 시 이를 명확히 고지하고 관련 내용을 계약서에 기재하는 것이 중요합니다. 매도인이 알면서도 고지하지 않은 하자에 대해서는 하자담보책임 면제 특약이 있더라도 책임을 면할 수 없기 때문입니다.

따라서 사전에 알고 있는 하자는 솔직하게 공개하고, 가능하다면 미리 수리하는 것이 분쟁 예방에 도움이 됩니다. 매도인에게 가장 현명하고 안전한 전략은, 사소하게 알고 있는 하자는 솔직하게 매수인에게 알리고, 그 내용을 계약서에 명시한 뒤, "위에서 고지한 하자(안방 창틀 실리콘 마감 노후로 인한 미세 누수) 외에 다른 모든 하자에 대해서는 매도인이 책임지지 않는다"고 기재하는 것입니다.

이는 매도인의 정직성을 보여주어 계약의 신뢰를 높이는 동시에, 알려지지 않은 다른 미지의 하자에 대한 책임은 효과적으로 면제받는 가장 확실하고 분쟁 없는 방법입니다. 정직이 최선의 방어 전략인 셈입니다.

5부

현장에서 배우는 매도법

8장

·

상황에 따른 매도 실전 사례

일반 아파트 매매 사례
인천 A신도시 B아파트
부부 공동명의를 활용한 양도세 과세구간 조정

2025년에 매도한 지역은 일반적으로 우리가 '신도시'라고 부르는 곳입니다. 이들 신도시 내 민간택지에 지어진 아파트는 분양가 상한제가 적용되어 상대적으로 저렴한 가격에 분양받을 수 있었습니다. 그러나 신도시의 특성상 공급 물량이 많았기 때문에 단기간에 시장에서 이를 모두 소화하기 어려웠고, 2020년 이후부터는 무순위 청약, 이른바 '줍줍' 물량이 대거 나오기 시작했습니다.

이러한 기회를 포착해 저는 무순위 청약을 통해 동호수를 지정해 분양권을 확보했고, 2022년에는 해당 주택에 전세를 놓았습니다. 이후 세입자가 이사를 나간 뒤, 입주가 본격적으로 이루어지는 시기를 일부러 피해 2025년, 본격적인 입주 시점에 맞춰 매도를 결정했습니다.

매도 이유는 명확했습니다. 한 차례 전세를 돌린 후 매매가격이 제가 기대했던 수준까지 도달했고, 단기적으로는 시장이 고점에 가까워졌다고 판단했기 때문입니다. 또한 최초 분양권 계약 이후 부부 공동명의로 변경함으로써 양도세 구간을 낮춰 절세 효과를 볼 수 있었던 점도 매도를 결심한 주요한 이유였습니다.

1. 매도하기 전 먼저 고려해야 할 사항

항상 매수할 때부터 매도하기 위한 전략이 있어야 합니다. 특히 분양권 특성상 최초 계약을 할 때는 개인 명의로만 가능하지만, 이후 특정 시점에는 부부 공동명의가 가능하며, 이를 활용하면 향후 취득세 및 양도세, 다주택의 경우 종합부동산세 세율 구간을 낮출 수 있는 이점이 있습니다.

분양권은 최초 계약 시 '개인 단독명의'만 가능하고, 처음 계약을 체결할 때는 부부 공동명의나 타인과의 공동계약이 허용되지 않습니다. 이로 인해 많은 사람이 "어차피 단독명의니까 계속 혼자 보유해야 한다"라고 생각하기 쉽지만, 시행사에서 통보되는 일정 시점에는 부부 공동명의로의 변경이 가능합니다. 보통 계약 이후 중도금 대출 실행 전부터 변경이 가능하며, 중도금 대출 실행 전에 부부 공동명의를 변경할 경우 배우자에게 지분에 따라 계약금 금액의 일부만 증여해 공동명의로 등기하는 것이 가능합니다. 이렇게 되면 다음과 같은 세금상 절세 효과를 누릴 수 있습니다.

부부 공동명의로 변경 시 기대되는 절세 효과

① 양도소득세 과세표준 분산: 공동명의로 보유 시, 매도 시점의 양도차익도 각자의 지분 비율대로 분산되어 계산됩니다. 양도소득세는 누진세율 구조이기 때문에, 과세표준을 나누면 전체 세 부담이 줄어듭니다.

② 종합부동산세 부담 조절 가능: 1세대 1주택 기준을 충족하지 못하거나, 주택 수가 많은 경우 공동명의를 통해 합산 과세기준을 피할 수 있습니다.

부동산은 살 때부터 팔 준비를 해야 합니다. 특히 분양권과 같이 초기 명의가 제한되는 구조라도, 향후 시점에서 세금과 매도 전략을 고려한 구조 전환은 충분히 가능합니다.

가격

분양가 상한제가 걸려있다 보니 입주장에서는 큰 시세차익은 없었지만 등기 후 2년 동안 전세 기간을 거치고 나서는 생각했던 구간에 들어왔기 때문에 매도를 고민하게 되었습니다. 특히 임차인이 2년 거주만 하고 개인 사정에 따라 퇴거를 한 상황에서 2024년에 바로 팔지 않고 최초 입주장이 시작된 2022년부터 다시 입주장 영향을 받을 수 있는 2024년(전세는 보통 2년 계약이라 2022년 입주장은 2024년에도 영향이 있음)이 아닌 1년이 지난 2025년에 매도하게 되었기에 전세 보증금을 자기 자본으로 돌려줘야 하는 부담이 있었지만, 입주장 영향을 피해 제 가격을 받을 수 있는 점에서 충분하게 고려해볼 만한 내용입니다.

다만 주변에 다른 단지 입주장과 겹치지는 않은지 충분하게 검토가 필요합니다. 특히 신도시 특성상 주변단지 입주 물량을 확인해야 합니다. 그런데 제가 매도한 이후에도 많은 물량이 순차적으로 몇 년간 계속 쏟아져 나올 예정이었습니다. 따라서 시세가 지금보다 더 급격하게 오르기는 어렵다는 판단으로(대외적인 요건보단 신도시 특성에 따른 대내적인 요인을 우선적으로 고려) 매도 계획을 수립했습니다.

세금

부동산 매도 시, 많은 사람이 가장 크게 부담을 느끼는 것이 바로 양도소득세입니다. 특히 고가 주택이나 다주택자의 경우, 양도차익이 클수록 세율이 급격하게 올라가므로 사전에 세금 구조를 이해하고 전략적으로 대응하는 것이 매우 중요합니다. 그중 대표적인 절세 전략 중 하나가 부부 공동명의입니다. 부부 공동명의는 단순한 소유권 분할을 넘어, 양도소득세를 줄일 수 있는 법적이고 효과적인 방법입니다.

① 양도세는 누진세 구조

양도소득세는 '양도차익 – 필요경비 – 장특공제'를 제외한 순이익에 대해 6%부터 최대 45%까지 누진세율이 적용되는 구조입니다. 즉, 과세표준(양도소득금액)이 높을수록 더 높은 세율이 적용되며, 누진 구간을 어떻게 나누느냐가 세부담에 결정적인 영향을 미칩니다.

부동산 매도 불변의 법칙

② 부부 공동명의 시 과세표준 분산 가능

부동산을 부부 공동명의로 보유하고 있는 경우, 매도 시 발생한 양도차익을 각 지분 비율에 따라 나누어 계산하게 됩니다. 예를 들어 100% 단독명의라면 5억 원의 양도차익 전체가 한 사람에게 과세되지만, 50:50 공동명의일 경우 2억 5천만 원씩 각자의 소득으로 나뉘어 과세됩니다. 이렇게 하면 각자의 과세표준이 낮아지면서 낮은 세율이 적용되는 구간으로 이동하게 되어 전체 양도세 부담이 줄어드는 효과를 볼 수 있습니다. 이 제도를 활용하면, 단독명의로 보유한 주택의 일부 지분을 배우자에게 이전해 공동명의를 구성하고 그에 따라 양도차익을 분산, 결과적으로 양도소득세 절세 효과를 누릴 수 있습니다.

2. 부동산 중개업소 활용법 `SOLD`

2년 전에 입주를 한 단지여서 단지 내 상가가 활성화되어 있고, 주변에 부동산이 많아 네이버 매물을 올려놓은 부동산 전체(48곳) 매도 의사를 전달했습니다. 동과 타입, 호수 그리고 구체적인 조건, 그리고 소유자 정보를 적어 전달했고 최초 입주 전에 찍어 놓은 뷰와 호실 내부 사진을 문자로 전달했습니다.

매도 입장에서 급하지는 않아 가격 조정보다는 중도금과 잔금 일정에 대한 조정을 이야기했고, 6월 1일 이전(재산세 및 종부세 기일) 잔금을 치르는 경우 조금 더 시세 조정이 가능하다는 점을 강조했습니다.

몇 차례 매수자와 함께 집을 보러 오겠다는 의사와 함께 세대 내 비번을 요청해왔고, 얼마 지나지 않아 적당한 매수자를 찾을 수 있었습니다. 물론 시세 조정은 일부 했지만 큰 수준은 아니었고, 매도자인 저 역시 급하지 않았기 때문에 한없이 금액 조정 협상에 응하지는 않았습니다. 무엇보다 중개사와의 주기적인 커뮤니케이션을 통해 현재 제가 내놓은 타입과 층을 고려하더라고 금액이 적정하다는 것을 알고 있었기 때문입니다.

3. 계약 후 양도세 신고까지

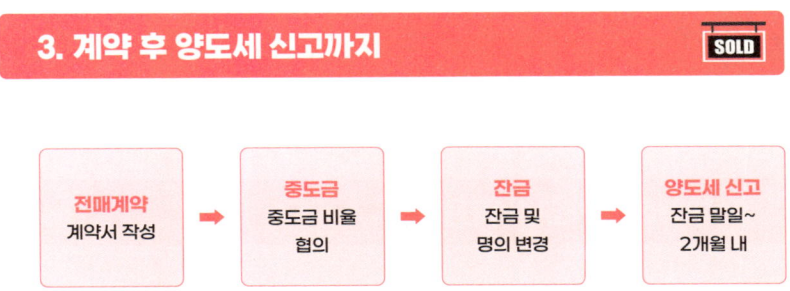

STEP 1

전매계약이 이루어지면 가장 먼저 일반적인 계약 내용을 적힌 문자를 기반으로 가계약금(300만~500만 원 사이)을 받습니다. 일반적인 내용이라고 하나 계약 조건에 해당하는 구체적인 내용(목적물의 표시, 금액, 잔금 외 특약사항 등)이 포함되어 있습니다. 앞에서도 이야기했듯, 가계약금도 계약금의 일부로서 배액 배상 등의 요건에 해당함을 유의하세요.

부동산 매도 불변의 법칙

가계약금을 받고 나서는 본계약 일정과 세부 조건을 협의하게 됩니다. 그리고 중개사와 매수자와 협의된 날짜, 시간에 계약서를 작성합니다. 이때 전체 매매 금액, 중도금과 잔금 비율, 중도금과 잔금일, 계약 해제 시에 배액 배상 조건 등 구체적인 사항을 명시합니다. 부동산 매매계약서 작성 시에는 '공동명의자 전원'이 반드시 계약 체결에 직접 참여해야 합니다. 즉, 매도인이 부부 공동명의인 경우, 부동산 중개업소에 부부가 함께 방문해 계약서에 직접 서명·날인을 해야 계약이 유효하게 성립됩니다.

이는 민법상 공동소유자는 각자의 지분에 대해 독립된 처분권을 갖기 때문에, 한 명의 매도인이 임의로 계약서를 작성하면 그 계약은 효력이 없거나 무효로 판단될 수 있기 때문입니다.

STEP 2

계약금과 잔금 사이에는 중도금이 한 번 들어가게 됩니다. 통상적으로 계약금의 30~50% 수준이며, 매수인 또는 중개인과 만나지 않고 계약 시에 지정된 계좌로 입금하는 것이 일반적입니다. 중도금이 들어가면 일방적인 계약해지가 되지 않는다는 점을 기억해야 합니다. 그래서 매수인 중에서는 계약 이후 가격이 급등할 때 일부러 중도금 일자 이전에 미리 중도금을 넣는 경우도 있습니다.

STEP 3

잔금일에는 공인중개사에게 법정 수수료를 지급하고, 반드시 중개보수 영수증을 수령해야 합니다. 이는 단순한 정산 증빙이 아니라,

양도세 신고에 있어 필요경비로 처리될 수 있는 중요한 자료이기 때문입니다. 이때 부동산 신고필증도 양도세 신고 시 필요하므로 반드시 받아두어야 합니다. 특히 부부간 공동명의이다 보니 매도용 인감증명서도 각각 발급이 필요합니다. 이는 공동명의자는 각각의 소유지분에 대한 독립된 처분 권한을 갖기 때문에 소유권 이전 등기 시 각자의 인감증명서 원본과 인감도장 날인이 모두 필요합니다.

• 남편(지분 1/2)과 부인(지분 1/2) 공동명의인 경우 세금

구분	남편 금액(원)	부인 금액(원)	비고
양도가액	300,000,000	300,000,000	
(-) 취득가액	210,000,000	210,000,000	취득가액+취득세
(-) 필요경비	5,000,000	5,000,000	중개수수료
양도차익	85,000,000	85,000,000	
(-) 비과세 양도차익	-	-	
과세 양도차익	85,000,000	85,000,000	
(-) 장기보유특별공제	-	-	
양도소득금액	85,000,000	85,000,000	
(-) 기본공제	2,500,000	2,500,000	
과세표준	82,500,000	82,500,000	
세율	24%	24%	누진공제 576만 원
산출세액	**14,040,000**	**14,040,000**	

STEP 4

마지막으로 양도세 신고는 잔금을 치른 해당 월의 말일 기준에서 2개월 내 기간에 신고해야 합니다(예를 들어 5월 15일 매도면 해당 월을 말일 기준인 5월 31일에서 두 달 뒤인 7월 31일까지). 중개수수료, 기본공제(연간 1회 250만 원) 등 매입비용 공제가 가능합니다. 부부 공동명의다 보니 각자 홈택스를 통해 1/2씩 나눠서 세금 신고를 진행합니다.

• 남편이나 부인 단독명의인 경우 세금

구분	금액(원)	비고
양도가액	600,000,000	
(-) 취득가액	420,000,000	취득가액+취득세
(-) 필요경비	10,000,000	중개수수료
양도차익	170,000,000	
(-) 비과세 양도차익	-	
과세 양도차익	170,000,000	
(-) 장기보유특별공제	-	
양도소득금액	170,000,000	
(-) 기본공제	2,500,000	
과세표준	167,500,000	
세율	38%	누진공제 1,994만 원
산출세액	43,710,000	

일반 분양권 매매 사례
인천 A신도시 인근 C아파트 분양권
분양권 단기 양도 사례

제가 분양권 매도를 하게 된 계기는 2기 신도시 바로 근방에서 위치한 단지의 무순위 청약으로 분양권을 취득한 경험에서 비롯되었습니다. 해당 A도시는 신도시 또는 공공택지에 조성된 지역으로, 일반적으로 우리가 '신도시'라고 부르는 곳입니다. 이러한 신도시와 일부 규제지역 내 민간택지에 건설되는 아파트에는 '분양가 상한제'가 적용되고, 이는 신도시 바로 근방에 위치한 A도시 분양권 가격에도 영향을 미쳐 시세보다 저렴한 가격에 분양했습니다.

분양가 상한제는 아파트 분양 시 주변 시세와는 무관하게, 택지비(땅값)와 건축비를 합산한 금액의 일정 비율 이내에서 분양가를 제한하는 제도입니다. 따라서 분양받는 순간부터 주변 시세 대비 낮은 가격에 아파트를 취득할 수 있는 구조가 만들어집니다. 이로 인해 수요자 입장에서는 시세 차익이 기대되는 유리한 매수 기회로 여겨지게 됩니다. 저 역시 이러한 제도를 감안해 2023년에 분양권을 무순위로 취득하게 되었습니다. 그리고 일정 기간이 지나며 실제 주변 시세가 상승했고, 취득 당시보다 일부 시세 차익이 발생한 상황에서, 분양권 상태로 매도할 기회를 고려하게 되었습니다.

보다 구체적인 분양권 상태에서 매도를 결정한 이유는 다음과 같습니다.

① 등기 시점의 취득세 부담

분양권이 등기되면 일반 주택과 동일하게 주택 수에 포함되며, 특히 다주택자일 경우 취득세가 최대 13.4%까지 부과될 수 있습니다.

② 종합부동산세 등 보유세 부담

등기를 하게 되면 해당 주택은 보유세 과세대상으로 포함됩니다. 기존에 보유한 주택이 있는 경우, 종합부동산세 과세표준 합산에 포함되어 보유세 총액이 급격히 상승할 가능성이 있었으며, 이는 장기적인 보유 전략에도 부담으로 작용할 수밖에 없었습니다.

③ 입지 조건 및 세부 사양에 대한 불만족

해당 분양권은 무순위 공급으로 취득한 매물이었기에, 원하는 방향이나 층수를 선택할 수 없었습니다. 결과적으로 동향 세대였고, 층수도 낮은 편이라 실거주 만족도에 대한 우려가 컸습니다.

이러한 조건에서 등기를 강행하기보다는 시세 차익이 일정 부분 발생한 시점에서 매도해 리스크를 줄이는 선택이 더 합리적이라고 판단했습니다.

1. 매도하기 전 먼저 고려해야 할 사항 `SOLD`

권리문제

분양권이기 때문에 가장 먼저 전매 제한 사항을 확인해야 했습니다. 다행히 비조정지역으로 신도시 또는 공공택지에 조성된 지역인 2기 신도시 내에 포함되지 않았기 때문에(신도시 또는 공공택지에 조성된 지역의 분양권은 보통 등기 시까지 전매제한이 걸려있음) 전매제한 6개월 이외에는 다른 전매 제한 사항은 없었습니다.

가격

분양가 상한제가 걸려있다 보니 분양권이 무순위로 완판된 이후에는 단기간에 다행히 시세 차익이 발생했습니다. 많은 금액은 아니더라도 최소한 용돈 이상의 돈은 나올 수 있겠다는 판단이 있었습니다.

세금

양도세는 분양권이었기 때문에 1년 미만 70%, 1년 이상은 60%였습니다. 다행히 보유기간이 1년 이상이었기 때문에 중개수수료, 기본공제(연 250만 원) 등 매입비용 공제 후 60%의 양도세(양도소득세의 지방소득세 포함 66%)를 부담해야 했습니다. 물론 시세차익이 크게 있

부동산 매도 불변의 법칙

었던 물건이 아니어서, 세금 문제가 크게 부담되진 않았고 인적 공제 등을 고려하면 그래도 수익 구간이라 과감하게 결정을 내릴 수 있었습니다.

2. 부동산 중개업소 활용법 SOLD

분양권 상태이다 보니 단지는 아직 공사 중이었고, 단지 내 부동산이 없어, 주변에 있는 부동산을 통해 매도 의사를 전달했습니다. 동과 타입, 호수 그리고 구체적인 조건, 그리고 소유자 정보를 적어 인근 부동산 30군데 내용을 전달했습니다. 당연히 사진 등은 찍을 수가 없었고, 문자로 된 내용만 전달했습니다.

그런데 이 지역은 GTX 라인 호재가 있었습니다. 그래서 얼마 지나지 않아 원하는 금액은 아니었지만, 거래가 가능하냐는 중개인의 연락을 받을 수 있었습니다. 큰 시세 차익은 아니었지만 그래도 원하는 수준에는 들어왔고, 다시 한번 고민을 해봤지만 오래 가지고 가기에는 여러모로 부담되는 상황이어서, 조건에 대해서 수락했습니다.

분양권이니 아직 단지가 공사 중이라 실물을 볼 수 있는 물건이 없어, 매수자도 분양 당시 홈페이지나 모델하우스 정보로만 보며 매수를 결정하게 됩니다.

분양권인 상태라 우선적으로는 중도금 및 권리승계 일정을 먼저 확인했습니다. 중도금 승계는 중도금 대출 은행을 통해서 진행되며, 권리승계를 시행사 사무실(또는 모델하우스 등)에서 진행합니다. 이때 권리승계 등은 시행사 사무실에서 특정 요일 또는 특정 날짜 등을 정해두고 업무 처리를 하다 보니 일정 관련 사전 협의가 반드시 필요합니다.

분양권 상태에서 매매할 경우의 전체 전매 과정에 대해서 알아보겠습니다.

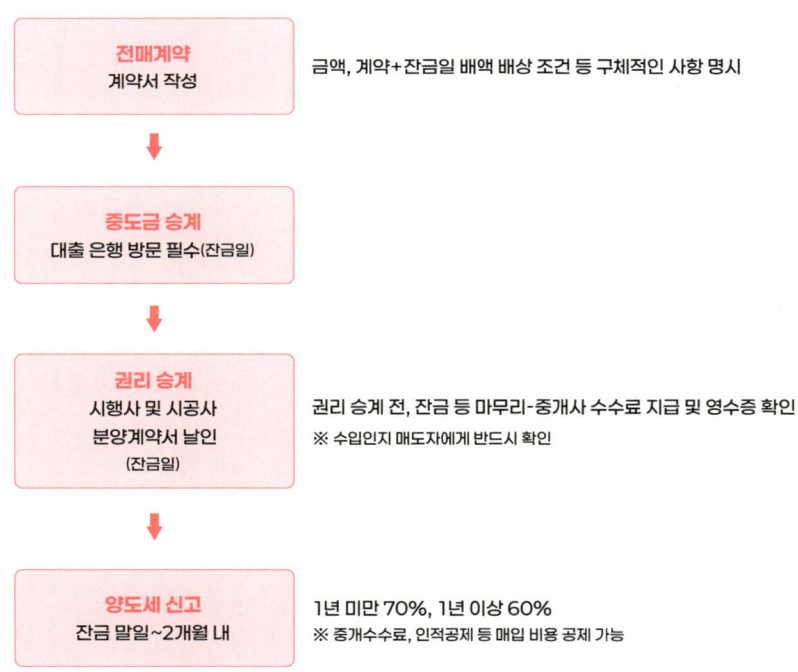

전매계약
계약서 작성 — 금액, 계약+잔금일 배액 배상 조건 등 구체적인 사항 명시

중도금 승계
대출 은행 방문 필수(잔금일)

권리 승계
시행사 및 시공사
분양계약서 날인
(잔금일)
— 권리 승계 전, 잔금 등 마무리-중개사 수수료 지급 및 영수증 확인
※ 수입인지 매도자에게 반드시 확인

양도세 신고
잔금 말일~2개월 내
— 1년 미만 70%, 1년 이상 60%
※ 중개수수료, 인적공제 등 매입 비용 공제 가능

STEP 1

전매계약이 이루어지면 먼저 일반적인 계약 내용을 적힌 문자를 기반으로 가계약금을 받습니다. 일반적인 내용이라고 하나 계약 조건에 해당하는 구체적인 내용(목적물의 표시, 금액, 잔금 외 특약사항 등)이 포함되어 있습니다. 그리고 중개사와 매수자와 협의된 날짜, 시간에 계약서를 작성합니다. 이때 전체 매매 금액, 계약 + 잔금일, 계약 해제 시에 배액 배상 조건 등 구체적인 사항을 명시합니다.

STEP 2

잔금일이 되면 먼저 중도금 승계를 위해 중도금 대출 은행을 방문해야 하는데, 이때 중도금이 유이자인 경우 통상적으로 이자 비용은 매수인이 부담하게 됩니다(포괄적인 양도, 양수 관련된 계약으로 최초 매도자가 받은 이자 비용의 부담도 승계를 받는 매수자가 하게 되는 것입니다). 다만 계약은 사인 간의 거래이기 때문에 일방적인 조건으로만 이야기할 수는 없고 모든 것이 협의가 가능하다는 점을 다시 한번 강조합니다. 최종적으로 매도자와 매수자가 중도금 승계에 대한 서류 작성을 완료하고, 중도금 대출 승계 확인서를 시행사 사무실에 제출해야 합니다. 이때 분양권 거래에 필요한 수입인지는 매수자가 매도자에게서 반드시 받아올 수 있도록 합니다.

STEP 3

분양권을 매매한 경우, 단순히 중개업소에서 계약서 작성과 잔금 정산이 끝났다고 해서 모든 절차가 마무리되는 것은 아닙니다. 분양권은 아직 등기되지 않은 상태의 권리이기 때문에, 이전 소유자에서 새 소유자로 '권리 승계' 절차를 공식적으로 이행해야만 최종적으로 거래가 유효하게 완결됩니다. 권리 승계를 위해서는 분양계약서를 소지하고 시행사 또는 신탁사 사무실을 방문해 도장을 날인받는 절차가 필요합니다.

STEP 4

시행사 사무실에서의 절차가 마무리되면 잔금을 치르고 중개사 수수료를 지급하고 영수증을 확인하는데, 이때 부동산 신고필증도 마찬가지로 양도세 신고 시 필요하므로 반드시 받아두어야 합니다. 중개사도 때로는 미리 챙겨주지 않은 경우도 있으니 스스로 잘 챙길 수 있어야 합니다.

STEP 5

마지막으로 양도세 신고는 앞에서 이야기한 대로 잔금을 치른 해당 월의 말일 기준에서 2개월 내 기간에 신고해야 합니다. 중개수수료, 인적공제(연 250만 원) 등 매입비용 공제가 가능합니다.

구분	금액(원)	비고
양도가액	400,000,000	
(-) 취득가액	390,000,000	취득가액+취득세
(-) 필요경비	2,500,000	중개수수료
양도차익	7,500,000	
(-) 비과세 양도차익	-	
과세 양도차익	7,500,000	
(-) 장기보유특별공제	-	
양도소득금액	7,500,000	
(-) 기본공제	2,500,000	
과세표준	5,000,000	
세율	60%	
산출세액	**3,000,000**	

양도차손 활용 사례
서울 D뉴타운 E아파트
부부 공동명의, 오피스텔 분양권 부부간 매매

THE UNCHANGING RULE

서울에서 한동안 뉴타운 분양 붐이 일었었고, 뉴타운 분양 초기에 운이 좋게 무순위로 당첨된 분양권이 있었습니다. 2016년도에 취득한 분양권은 2019년도에 등기를 치고, 다행히 조건이 맞아 당시에는 투자자들에게 유행이었고 정부에서의 장려사항(?)이었던 장기민간 일반임대주택을 등록시켜놓았습니다. 10년이 지난 뒤에 양도소득세 장기보유특별공제 최대 70%를 적용받고 매도를 계획하고 있었지만, 문제는 부동산 장이 좋았을 때 욕심을 부려 주거용 대체상품인 오피스텔에 투자가 잘못되어 마이너스로 매도를 한 경우가 생겼고, 장기민간일반임대주택 자진말소를 통해 양도세 합산과세를 활용해 세금을 일부 절세하는 방안을 선택할 수밖에 없었습니다. 특

부동산 매도 불변의 법칙

히 장기보유특별공제를 받았을 때와 양도세 합산과세를 활용했을 때 모두를 시뮬레이션해본 결과 차이가 크게 없었던 것도 큰 이유 중 하나였습니다.

장기민간임대주택

장기민간임대주택은 민간이 자발적으로 일정 기간(8년 또는 10년) 임대사업을 하기로 등록한 주택에 대해 정부가 세제 혜택 및 행정 지원을 제공하는 제도입니다.

등록하면 일정 요건을 갖춘 경우, 양도소득세·종합부동산세·재산세·취득세 등의 세금 감면 혜택을 받을 수 있습니다. 이 제도는 실거주 목적이 아닌 임대 수익 목적의 부동산을 장기 보유하면서 안정적으로 운영하고자 하는 사람들에게 유리한 제도로 설계되었습니다.

• 민간임대주택 사업자 등록 요건

등록 시기	2020년 8월 17일 이전	2020년 8월 18일~ 2025년 6월 3일	2025년 6월 4일 이후
주택 유형	주택	주택(아파트 제외)	
주택가액	제한 없음		
전용면적	제한 없음(단, 오피스텔은 전용면적 $120m^2$ 이하)		
임대 의무기간	단기: 4년 이상 장기: 8년 이상	장기: 10년 이상	단기: 6년 이상 장기: 10년 이상
임대료 증액 제한	1) 임대료 증액 5% 제한 2) 계약 또는 증액 후 1년 이내 임대료 증액 불가		

주요 혜택은 다음과 같습니다.

① 양도소득세 장기보유특별공제율 특례적용(조세특례제한법 제97조의 3)

비과세 주택이 아닌, 일반적인 토지 또는 건물의 장기보유특별공제는 최대 30%이나, 장기임대주택을 8년 이상 임대를 하는 경우에는 50%(10년 이상 70%)의 장기보유특별공제율이 적용됩니다.

임대기간	8년 이상	10년 이상
장기보유특별공제율	50%	70%

*장기보유특별공제율이 적용되는 양도차익은 임대기간 중 발생한 양도차익에 대해서만 적용

② 종합부동산세 합산배제 적용(종합부동세법 제2항)

주택임대사업자가 과세기준일(6월1일) 현재 다음과 같은 임대주택을 임대하고 있는 경우, 임대주택의 가액은 종합부동산세 계산 시 종합부동산세 과세표준에 합산되지 않습니다.

구분	내용
주택 유형	아파트 제외한 모든 주택
임대유형	단기: 6년 이상 장기: 10년 이상
가액요건	임대개시일 또는 최초 합산배제신고를 한 연도의 과세기준일 현재 기준시가 - 6억 원(비수도권 3억 원) 이하[2025.06.04. 이후 등록한 단기임대주택은 4억 원 (비수도권 2억 원) 이하]
임대료 증액제한	1) 임대료 증액 5% 제한 2) 계약 또는 증액 후 1년 이내 임대료 증액 불가

③ 재산세 감면(지방세특례제한법 제31조의 3)

장기임대주택으로 등록한 주택임대사업자가 과세기준일(6월 1일) 현재 다가구주택(모든 호수의 전용면적이 40m² 이하) 또는 2세대 이상의 공동주택 및 오피스텔을 임대 목적으로 직접 사용하는 경우 재산세 감면대상이 됩니다.

구분	면적
40m² 이하	100%
40m² 초과 60m² 이하	75%
60m² 초과 85m² 이하	50%

1. 매도하기 전 먼저 고려해야 할 사항

가격

먼저 아파트는 2016년도에 취득한 분양권이라 시세 차익이 크게 발생했습니다. 그동안 물가상승율과 서울의 입주물량의 감소, 그리고 뉴타운이 완성되면서 하나둘씩 생기는 인프라 등이 추가되면서 최초 투자금액 대비(계약금 10% 기준) 1,000% 가까운 시세차익을 얻을 수 있었습니다. 다만 문제는 세금이었습니다.

우선 아파트는 부부 공동명의로 되어 있었습니다. 부부 공동명의로 하다 보니 양도세 합산과세에 있어서도 부부 각각 가진 물건을 2024년도에 매각했다면 각각 양도세 합산과세를 활용할 수가 있습니다.

파는 순서

양도세 합산 과세를 활용하는 경우 플러스 수익이 난 물건과 마이너스 손해가 난 물건 중 어떤 것을 먼저 매도하든 크게 상관은 없습니다. 다만 플러스 수익이 난 물건을 먼저 매도할 경우 해당하는 양도소득세를 우선 납부한 뒤에 나중에 마이너스 손해가 난 물건의 양도소득세 신고를 할 때 돌려받게 되어 있습니다. 이는 지방세도 마찬가지입니다. 통상적으로 양도세 신고 후 담당 조사관이 검토하기까지 시간이 몇 달 소요된다는 사실을 볼 때, 만약 순서를 조정할 수 있다면 마이너스 손해를 본 물건을 먼저 매도하는 것이 초기 세금 납부에 있어 비용 지출을 줄일 수 있는 방법이기도 합니다(세금을 내고 돌려받느냐 아니면 세금을 합산해서 덜 내느냐의 차이입니다).

2. 부동산 중개업소 활용법

5년 전에 이미 입주를 한 단지이고 단지 내 상가가 활성화되어 있고, 주변에 부동산이 많아 네이버 매물을 올려놓은 부동산 전체(36곳)

매도 의사를 전달했습니다. 동과 타입, 호수, 구체적인 조건, 그리고 소유자 정보를 적어 전달했고 최초 입주 전에 찍어 놓은 뷰와 호실 내부 사진을 문자로 전달했습니다.

그런데 문제가 있었습니다. 한동안 거래가 되었는데 갑자기 거래가 급격하게 줄어든 것과 동시에 뷰가 단지 외부 뷰이고 저층이라 가격을 낮춰서 내놓았는데도 보러오는 매수자들이 많지 않았습니다. 6개월이라는 시간이 지나서야 결국 매도를 하게 되었는데 이에 많은 우여곡절이 있었습니다.

3. 부동산 매물 홍보 전략

연락이 오지 않다 보니 주기적으로 계속해서 부동산을 추가하면서 매물 홍보를 진행했습니다. 특히 앞과 옆에도 경쟁 관계에 있는 신축 아파트 단지가 있어 우리 단지 외에도 경쟁 단지에도 매물을 의뢰했으며, 가격도 협상 가능하다는 점을 강조하고 중도금과 잔금 일정에 대한 협의도 가능하다는 점을 강조했습니다.

그리고 무엇보다 집을 보러 오는 매수자들에게 좋은 인상을 주기 위해 주기적으로 물건지에 방문해서 청소와 환기를 진행했습니다. 특히 집이 오랜 기간 비어있으면 곰팡이 등이 생길 수 있는데, 이에 대한 적절한 대응이 필요합니다.

4. 매수자와의 소통과 협상

기다림 끝에 매수자에게 연락이 왔고, 가격 협상에 대한 요청이 왔습니다. 상당 기간 비어있는 물건지라 반드시 매도하기 원했지만 그렇다고 원하는 가격으로 조정하기는 불가했습니다. 결국 최초 금액 대비 200만 원 정도 조정을 하는 조건에서 협의를 보았고, 대신 잔금 전 인테리어 등의 일정 협의는 봐드리는 것으로 했습니다.

그런데 문제가 있었습니다. 막상 계약서를 쓰려고 보니 가계약금 당시 이야기한 조건으로 중도금을 맞출 수 없다는 것이었습니다. 매수자가 중개사와도 다툼이 생긴 상황이라 잠시 고민이 되었지만 우선적으로는 물건을 제대로 매도하려는 목적에 충실해야겠다는 생각으로 협의안을 제시했습니다. 협의안은 중도금 납부 일정을 최대한 매수자에 맞춰 봐드리는 대신 제가 중도금이 들어오지 않아서 부담해야 할 마이너스 통장의 이자 부분만큼은 보전해달라는 요청이었습니다.

5. 부동산 매도 후 세금 신고

부부 공동명의이다 보니 세금 신고도 각각 지분 비율만큼 나눠서 진행하게 됩니다. 우선 제가 2024년 초에 매도한 개인명의 물건과 이번 매도한 물건(1/2 지분) 합산을 통해 양도소득세를 절세했으며, 배우자도 이번 매도한 물건(1/2 지분)과 2024년 하반기에 매도한 물건

· 남편(지분 1/2)

구분	금액(원)	비고
양도가액	500,000,000	
(-) 취득가액	245,000,000	취득가액+취득세
(-) 필요경비	5,000,000	중개수수료
양도차익	250,000,000	
(-) 비과세 양도차익	-	
과세 양도차익	250,000,000	
(-) 장기보유특별공제	-	
양도소득금액	250,000,000	
(-) 양도차손	100,000,000	기존 오피스텔 신고분
(-) 기본공제	2,500,000	
과세표준	147,500,000	
세율	35%	누진공제 1,544만 원
산출세액	**36,185,000**	

의 합산을 통해 양도소득세를 절세할 수 있었습니다.

이때 한 가지 유용한 팁은 마이너스 손해를 보는 물건을 부부간에 매도할 수도 있다는 사실입니다. 부부간의 매도인 경우 특수 거래로 보는 것이 맞지만, 시세대로 거래한 경우에는 크게 문제가 발생하지 않기 때문에 계약 및 실제 거래대금이 정상적으로 처리가 된 근거 자료를 잘 확보해놓을 필요가 있습니다.

시세차익: 5억 원(부부간 2억 5천만 원씩)

남편 기존 오피스텔 시세차익: -1억 원(실거래가)

부인 → 남편 기존 오피스텔 시세차익: -1억 2천만 원(실거래가 참조 특수관계

거래)

남편 세금구간: 1억 9천만 원(인적 공제 250만 원, 부동산 수수료 300만 원)

부인 세금구간: 1억 3천만 원(인적 공제 250만 원, 부동산 수수료 300만 원)

• **부인(지분 1/2)**

구분	금액(원)	비고
양도가액	500,000,000	
(-) 취득가액	245,000,000	취득가액+취득세
(-) 필요경비	5,000,000	중개수수료
양도차익	250,000,000	
(-) 비과세 양도차익	-	
과세 양도차익	250,000,000	
(-) 장기보유특별공제	-	
양도소득금액	250,000,000	
(-) 양도차손	120,000,000	기존 오피스텔 신고분
(-) 기본공제	2,500,000	
과세표준	127,500,000	
세율	35%	누진공제 1,544만 원
산출세액	**29,185,000**	

부동산 매도 불변의 법칙

부부간의 거래

부동산 거래에서 부부간 매매는 '특수관계인 간 거래'에 해당됩니다. 따라서 일반적인 거래와는 달리, 과세당국의 시세 조정·사후 검토 대상이 될 수 있습니다. 하지만 거래 가격이 시세 수준에서 형성되었다면, 실질적인 문제가 발생하지는 않습니다.

① 부부간 거래는 세법상 '특수관계인 거래'로 간주

「소득세법 시행령」 제167조에 따르면, 배우자, 직계존비속, 형제자매 등은 '특수관계인'으로 분류되며, 이들 사이의 자산 거래는 일반 거래보다 더 면밀하게 세무상 검토가 이루어집니다. 특수관계인 간 거래는 탈세 목적의 증여로 의심될 수 있기 때문에, 세법에서는 거래금액이 정상적인 시가였는지, 실제 자금 흐름이 존재했는지를 중심으로 거래의 적정성을 판단합니다.

② 시세대로 거래한 경우 과세상 문제없음

비록 부부간 거래라 하더라도, 주변 시세와 유사한 가격으로 매매가 이루어지고, 실제로 대금이 입금·이체 등으로 정상적으로 오갔다면, 국세청에서도 이를 통상적인 매매 거래로 인정합니다. 예를 들어 아파트 실거래가 시세가 12억 원이고, 부부간 거래가 11억 9천만 원으로 계약되며, 실질적인 자금 이체가 확인된다면, 비정상적인 증여로 보지 않고 정상 매매로 간주합니다. 따라서 실무에서 주의할 점은 계약서 작성은 통상적인 매매와 동일하게 진행하며, 계좌 이체 또는 자기앞수표 등 자금 흐름을 명확히 남겨야 합니다. 실거래가 신고도 일반 매도와 동일하게 반드시 제출해야 하며, 거래 후 양도소득세 신고, 취득세 납부 등도 동일하게 적용됩니다. 단, 거래가 지나치게 시세와 괴리되어 있거나 자금 흐름이 불명확하면 국세청은 이를 '부부간 증여'로 재해석해 증여세를 부과할 수 있습니다.

부부간 부동산 거래는 특수관계인 거래에 해당되지만, 정상적인 시세와 명확한 자금 흐름을 갖춘 경우에는 실질적인 세금 문제가 발생하지 않는다는 사실을 기억하세요.

장기보유특별공제 사례
경기 F시 G아파트

1가구 1주택자 장기보유특별공제 80% 적용

부모님이 최초 분양을 받으신 후 20년이 넘게 거주 중인 주택이었고, 자녀들이 출가해 두 분이 60평이 넘는 아파트에 거주하는 것은 청소, 관리 등 여러모로 과하다는 생각이 들었습니다. 특히 8호선 연장 등의 호재가 있는 곳이었고, 분양권 상태지만 이사를 갈 곳이 있었기 때문에 부담 없이 매물로 내놓게 되었습니다.

무엇보다 20년 이상 장기 보유 및 거주로 비과세 혜택과 장기보유특별공제(최대 80%) 혜택을 함께 받을 수 있다는 점이 매도의 가장 큰 이유가 되었습니다. 비과세와 장기보유특별공제는 전 세계에 유례가 없을 정도로 1주택자에게 주어지는 가장 강력한 세제 혜택이기도 합니다. 따라서 사실 비과세 금액(12억 원) 이상의 시세차익이 존재한다면 20년 이상 지내기보단 10년마다 거주 주택을 옮기는 것이 더 효율적으로 보이긴 합니다.

1. 매도하기 전 먼저 고려해야 할 사항 `SOLD`

가장 먼저 확인한 사항은 보유하고 계신 분양권이 주택이 되는 시점이었습니다. 분양권인 상태에서는 주택으로 인정되지 않지만, 등기 또는 잔금일 중 빠른 날을 기준으로 주택으로 인정되기 때문에 굳이 2주택을 보유하는 것이 부모님 입장에서 유리하지 않다고 생각했습니다. 물론 일시적 1가구 2주택을 이용하면 최대 3년간은 비과세 및 장기보유특별공제를 받을 수도 있지만, 임차를 주고 신규 주택으로 이사를 간 뒤에 시장 상황이 급변해 기존 주택을 처분하지 못한다면 비과세와 장기보유특별공제가 없어지는 큰 재앙이 닥칠 것으로 보고 리스크를 없애야겠다고 생각했습니다.

가격

다행히 분양가 대비해서 가격이 많이 오른 상태였습니다. 단지 옆에는 지역에서 가장 큰 공원이 있었고, 대형 평수가 부족한 지역이라 희소성도 있었습니다. 그리고 8호선 연장으로 바로 앞 사거리에 역이 들어올 예정이었습니다. 하지만 단지가 작고 대형 평수이다 보니 거래 사례가 많지는 않았습니다. 따라서 우선 기존 거래 사례보다 5천만 원 이상 높은 가격으로 매도 가격을 책정하고 시장의 분위기를 확인하려고 했습니다.

세금

앞에서 이야기한 대로 장기보유특별공제는 취득일로부터 양도일까지 3년 이상 보유한 토지와 건물에 대해서 양도차익의 일정한 공제율을 적용해 양도차익에서 공제해주는 제도입니다. 따라서 특히 1세대 1주택 장기보유특별공제는 비과세 혜택과 함께 비과세 혜택 구간 초과분에 대해서 양도소득세를 최대 80%까지 감면해주기 때문에 이를 적극 활용하기로 했습니다.

• 1세대 1주택 장기보유특별공제율(2년 이상 거주요건 충족 시 적용)

구분	3년 이상	4년 이상	5년 이상	6년 이상	7년 이상	8년 이상	9년 이상	10년 이상
보유 기간	12%	16%	20%	24%	28%	32%	36%	40%
거주 기간	12(8*)%	16%	20%	24%	28%	32%	36%	40%
합계	24(20*)%	32%	40%	48%	56%	64%	72%	80%

* 보유기간이 3년 이상 & 거주기간이 2년 이상 3년 미만인 경우 20%(12%+8%) 적용

2. 부동산 중개업소 활용법 SOLD

단지가 크지 않아 단지 내 상가에는 중개업소가 몇 개 없었습니다. 이럴 때는 인접 단지나 상가의 중개업소까지 함께 활용할 필요가

있습니다. 인접 단지에 방문한 매수자는 언제든지 우리 단지와 비교해서 매물을 볼 수도 있고, 인접 단지 부동산에서도 우리 단지 매물을 함께 적극적으로 취급하는 경우가 많습니다. 따라서 이번 경우에는 주변 인접 단지까지 매물을 문자로 내놓았습니다(10여 군데).

3. 부동산 매물 홍보 전략 `SOLD`

우선 아파트가 저층이었습니다. 3층으로 흔히 이야기하는 로열층과는 거리가 멀었지만 아파트 뷰를 전원주택의 정원 뷰가 나오는 집으로 포장해서 부동산과 커뮤니케이션을 했습니다. 단지 가장 끝 동이라 단지 앞에 보이는 뷰가 나쁘지 않고 부모님들 세대에서는 높은 층에 사는 것보다는 거실에 앉았을 때 지면과 눈높이가 크게 차이 나지 않는 단지 뷰를 선호할 수도 있겠다는 생각이었습니다.

그리고 우선적으로 부모님의 분양권 이사 날짜를 고려해서 매도 가능한 마지노선을 정했습니다. 분양권인 경우 잔금일이 일정 기한을 넘어가게 되면 가산이자 등이 붙기 때문에 일정 기간 동안은 이 가격을 유지하되, 잔금일이 다가오면 조금씩 조정을 해줄 예정이었습니다.

주변에 대형 평수가 없다 보니 문의가 간혹가다 들어오긴 했지만 가격 때문에 거래가 성사되지 않았습니다. 마찬가지로 주기적으로 중개사들과 커뮤니케이션을 통해 이야기를 나눴고, 매도가 급하지는 않다는 이야기를 통해 협상의 우선권을 가져가려고 했습니다.

4. 매수자와의 소통과 협상 `SOLD`

3개월 정도 지났을 때, 옆 단지에서 대형 평수로 이사를 오는 분이 매수를 하겠다고 연락을 주셨습니다. 그런데 한 가지 조건이 있었습니다. 이분들도 잔금일에 맞춰 이사를 해야 하는데 중간에 리모델링 기간이 문제였습니다. 따라서 잔금일 이전에 리모델링 공사 기간을 한 달 정도를 요청했습니다. 부모님이 새로 이사 가실 곳은 분양권 상태라 입주 기간 이후부터는 이사 날짜 조정이 가능한 상황이었고, 리모델링 공사를 시작하는 시간부터 관리비 등을 매수자가 부담하는 조건, 그리고 리모델링 공사로 인한 이슈에 대해서는 매도자 책임이 없다는 조건 등을 명시해서 계약서를 작성했습니다.

5. 부동산 매도 후 세금 신고 `SOLD`

부동산 매도 후 세금은 다음과 같습니다.

구분	금액(원)	비고
양도가액	1,130,000,000	
(-) 취득가액	317,745,810	취득가액+취득세
(-) 필요경비	9,450,000	중개수수료 등
양도차익	802,804,190	
(-)비과세 양도차익	639,401,568	20년 당시 9억 원 비과세한도
과세 양도차익	163,402,622	
(-)장기보유특별공제	130,722,097	80% 감면 혜택
양도소득금액	32,680,525	
(-)기본공제	2,500,000	
과세표준	30,180,525	
세율	15%	
산출세액	3,447,078	

THE UNCHANGING RULE

일시적 2주택 비과세
경기 H시 I아파트
일시적 1세대 2주택 비과세 특례

2020년 1월 H시 I아파트를 취득해 장기간 보유하다가, 2022년 6월 자녀 교육 환경과 거주 편의를 위해 송파구 잠실동 아파트를 추가로 매수했습니다. 이후 주거용 부동산이 아닌 상업용 부동산에 투자하기 위해 2025년 상반기 내 두 주택을 모두 매각하고 현금을 확보하기로 결정했습니다.

1. 매도하기 전 먼저 고려해야 할 사항

가장 큰 매도 이유는 일시적 2주택 비과세를 활용할 수 있기 때문이었습니다. H시 I아파트는 보유기간이 5년 이상이고 양도가액이 12억 원 이하로 예상되어 전액 비과세가 가능했고, 잠실 아파트의 경우도 H시 I아파트 매도 후 1주택인 상태에서 매도하면 1세대 1주택 비과세 요건을 충족할 수 있어 마찬가지로 동일 연도에 두 주택을 모두 매도하더라도, 첫 번째 매물이 전액 비과세대상이면 합산과세 문제는 발생하지 않기 때문이었습니다.

가격

H시 I아파트 아파트는 2020년 1월에 6억 5천만 원에 취득해 5년 이상 보유했으며, 거주는 하지 않았습니다(해당 지역은 2020년 2월 21일 조정대상지역으로 지정). 다행히 시세 차익이 발생했고 7억 원 후반대에 시세가 안정적으로 유지되고 있었습니다. 또한 송파구 잠실 아파트는 2022년 6월에 18억 8천만 원에 취득했고, 3년 이상 거주를 했으며, 시세는 24억 원 초반대를 유지했습니다.

세금

세금 절감을 위해 일시적 2주택 비과세 요건을 검토한 결과, 당연하게 먼저 매수한 H시 I아파트를 먼저 매도하고 잠실 아파트를 나중에 매도하는 전략이 가장 유리하다고 판단했습니다. 잠실 아파트는 H시 I아파트의 취득일로부터 1년 이상이 경과 후인 2022년 6월에 취득했고, 잠실 아파트를 취득한 날로부터 3년 이내인 2025년 3월 30일에 일시적 1세대 2주택 비과세로 H시 I아파트를 매도했습니다. 따라서 H시 I아파트는 일시적 2주택 비과세 요건에 해당되므로, 양도가액이 12억 원 이하인 경우 전액 비과세에 해당해 납부할 세금은 없다는 점을 미리 확인했습니다.

2. 부동산 중개업소 활용법 `SOLD`

일시적 2주택 비과세 요건에 맞춰 매도 순서를 맞추기 위해 H시 I아파트는 최대한 많은 중개업소에 의뢰하는 일반 방식을 먼저 선택하고, 잠실 아파트는 일을 잘하는 몇 군데 부동산에만 전속으로 의뢰하기를 결정했습니다. 우선 H시 I아파트를 먼저 매도해야 하므로 인근 15여 개 주요 중개업소에 동시에 매물을 등록해 빠른 매각을 유도하는 것이 유리하다고 판단했고, 잠실 아파트는 중개업소 몇 군데에만 매물을 의뢰해 가격 변동이나 거래 사례 등을 지속적으로 모니터링하기로 했습니다. 잠실 아파트마저 다중으로 의뢰하면 관리도 문제였고, 먼저 팔 수도 없는데 너무 많은 중개업소에서 연락이 오게 될 경우 부담이 되었기 때문입니다.

3. 부동산 매물 홍보 전략 `SOLD`

H시 I아파트는 세입자를 내보낸 상태였기 때문에 '빠른 입주 가능'이라는 키워드를 전면에 내세워 실수요자를 집중 공략했습니다. 세입자가 있는 상태였으면 입주 날짜 협의 또는 집을 보여주는 데

도 상대적으로 불리하지만, 세입자가 나간 상태에서는 이러한 부분에 해소될 수 있습니다. 다만 집 상태를 최대한 깨끗하게 보일 수 있게 청소 등은 필수로 해놓는 것이 좋습니다. 그리고 잠실 아파트는 대규모 단지라 가격 및 향, 층수 정도만으로도 충분하게 홍보가 되었고, 최초 입주를 할 때 찍어놓은 사진 등을 잘 활용해서 홍보 문자를 돌렸습니다.

4. 매수자와의 소통과 협상 `SOLD`

얼마 지나지 않아 H시 I아파트에서 가격 협상 요청이 왔습니다. 최초 7억 6천만 원 매물을 올려놓았는데 협상 과정에서 H시 I아파트의 매수자는 7억 4천만 원을 제시했습니다. 하지만 실제 최근 거래 내역이나 매도 물건 중에 이 정도의 가격대는 없다는 사실을 이미 알고 있어 빠른 잔금 지급 조건을 내세워 7억 5천만 원으로 최종 합의를 진행했습니다. 매수자도 7억 4천만 원까지 거래가 어렵다는 사실을 모르지는 않았을 것이라, 적정한 선에서 서로 윈윈하는 마음을 가질 수 있게 협의를 완료했습니다.

이후 바로 잠실 아파트를 일반 방식으로 변경해 여러 중개업소에 매물을 내놓았고 일시적 2주택 비과세 조건에 맞춰 H시 I아파트 잔금 3개월 후에 24억 원에 거래를 성사시켰습니다. 잠실 아파트인 경우 대단지라 가격대가 거의 정해져 있어 가격 인하 대신 잔금 시기와 입주 조건을 조율해 목표 가격을 지킬 수 있었습니다.

H시 I아파트를 비과세받은 후 3개월 후인 2025년 6월 30일 잠실 아파트를 24억 원에 1세대 1주택 비과세로 매도했습니다. 동일연도에 2개의 주택을 매도한 것이지만, H시 I아파트가 12억 원 이하로서 전액 비과세되었기 때문에, 잠실 아파트는 동일연도 합산과세대상에 해당하지 않습니다.

구분	H시 I아파트	비고
양도가액	750,000,000	
(-) 취득가액	650,000,000	
(-) 필요경비	3,000,000	
양도차익	97,000,000	
(-) 비과세 양도차익	97,000,000	
과세 양도차익	-	
(-) 장기보유특별공제	-	
양도소득금액	-	
(-)기본공제	-	
과세표준	-	
세율	-	
산출세액	-	

구분	잠실 아파트	비고
양도가액	2,400,000,000	
(-) 취득가액	1,880,000,000	
(-) 필요경비	15,000,000	
양도차익	505,000,000	
(-) 비과세 양도차익	252,500,000	
과세 양도차익	252,500,000	
(-) 장기보유특별공제	60,600,000	24% (3년 보유×4%+3년 거주×4%)
양도소득금액	191,900,000	
(-) 기본공제	2,500,000	
과세표준	189,400,000	
세율	38%	누진공제 1,994만 원
산출세액	**52,032,000**	

동일연도에 두 주택을 모두 비과세 받음에 따라 총 양도차익은 6억 2,200만 원이 발생했으나, 5,200만 원 정도의 양도소득세를 부담하고 빠르게 현금화할 수 있었습니다.

초판 1쇄 발행 2025년 9월 16일

지은이 이상준 지훈 이윤구
펴낸곳 원앤원북스
펴낸이 오운영
경영총괄 박종명
기획편집 최윤정 김형욱 이광민
디자인 윤지예 이영재
기획마케팅 문준영 박미애
디지털콘텐츠 안태정
등록번호 제2018-000146호(2018년 1월 23일)
주소 04091 서울시 마포구 토정로 222 한국출판콘텐츠센터 319호 (신수동)
전화 (02)719-7735 | **팩스** (02)719-7736
이메일 onobooks2018@naver.com | **블로그** blog.naver.com/onobooks2018
값 22,000원
ISBN 979-11-7043-676-8 03320